当代乡村旅游管理与规划设计研究

韦 飞 著

北京工业大学出版社

图书在版编目（CIP）数据

当代乡村旅游管理与规划设计研究 / 韦飞著. — 北京：北京工业大学出版社，2024.1重印
 ISBN 978-7-5639-6871-8

Ⅰ. ①当… Ⅱ. ①韦… Ⅲ. ①乡村旅游－经营管理－研究－中国②乡村旅游－旅游规划－研究－中国 Ⅳ. ① F592.3

中国版本图书馆 CIP 数据核字（2019）第 145820 号

当代乡村旅游管理与规划设计研究

著　　者：韦　飞
责任编辑：邓梅菡
封面设计：点墨轩阁
出版发行：北京工业大学出版社
　　　　　　（北京市朝阳区平乐园 100 号　邮编：100124）
　　　　　　010-67391722（传真）　bgdcbs@sina.com
经销单位：全国各地新华书店
承印单位：三河市元兴印务有限公司
开　　本：710 毫米 ×1000 毫米　1/16
印　　张：12.75
字　　数：255 千字
版　　次：2021 年 10 月第 1 版
印　　次：2024 年 1 月第 3 次印刷
标准书号：ISBN 978-7-5639-6871-8
定　　价：50.00 元

版权所有　翻印必究

（如发现印装质量问题，请寄本社发行部调换 010-67391106）

前　言

乡村旅游以民族传统文化为基础，主要目标群体是城市居民，由农民自己来经营，不断满足城市居民享受田园时光的愿望，推动了农业与旅游业的协同发展，取得了十分显著的效果。

与此同时，乡村旅游作为一种重要手段，能够不断加快我国城镇一体化的进程，在加强城乡产业合作、增加农民经济收入、解决乡村劳动力就业、改善乡村基础设施建设方面具有十分重要的现实意义，能够有力推动我国社会主义新农村建设的实现。

全书共九章。第一章为绪论，主要阐述了乡村旅游的概念与类型、乡村旅游的起源与发展以及乡村旅游的功能与意义和乡村旅游规划的界定与内容；第二章为当代乡村旅游的发展模式，主要阐述了乡村旅游发展模式概述、民俗风情型发展模式、景区依托型发展模式、度假休闲型发展模式、农场庄园型发展模式以及旅游小镇型发展模式和现代农业展示型发展模式；第三章为乡村旅游规划的理论基础，主要阐述了区位理论、消费者行为理论、旅游人类学理论、景观生态学理论以及可持续发展理论和旅游地生命周期理论；第四章为当代乡村旅游的经营管理，主要阐述了乡村旅游经营管理概述、乡村旅游的经营策略以及开办乡村旅游的相关手续；第五章为当代乡村旅游的服务管理，主要阐述了乡村旅游餐饮服务管理和乡村旅游客房服务管理；第六章为乡村旅游规划与旅游项目设计，主要阐述了乡村旅游规划创意、乡村旅游规划格局以及乡村旅游规划项目设计；第七章为乡村旅游环境与环境保护规划，主要阐述了乡村旅游容量的概念与测定、乡村旅游资源保护规划以及乡村旅游环境保护规划；第八章为广西乡村旅游规划设计的案例，主要阐述了广西乡村旅游概况、广西阳朔住宿业以及广西大明山生态旅游和广西代表性乡村生态旅游示范村；第九章为广西乡村旅游经济发展的策略，主要阐述了广西乡村旅游经济发展的政策建议、广西乡村旅游经济发展的机制构建以及广西生态旅游的发展策略。

为了确保本书内容的丰富性和多样性，笔者在写作过程中参考了大量理论与研究文献，在此向涉及的专家学者们表示衷心的感谢。最后，由于笔者水平有限，加之时间仓促，本书难免存在疏漏和错误，在此，恳请同行专家和读者朋友批评指正！

目 录

第一章 绪 论 ·· 1
- 第一节 乡村旅游的概念与类型 ······························ 1
- 第二节 乡村旅游的起源与发展 ······························ 6
- 第三节 乡村旅游的功能与意义 ······························ 15
- 第四节 乡村旅游规划的界定与内容 ························ 17

第二章 当代乡村旅游的发展模式 ·························· 25
- 第一节 乡村旅游发展模式概述 ······························ 25
- 第二节 民俗风情型发展模式 ································· 27
- 第三节 景区依托型发展模式 ································· 31
- 第四节 度假休闲型发展模式 ································· 33
- 第五节 农场庄园型发展模式 ································· 37
- 第六节 旅游小镇型发展模式 ································· 38
- 第七节 现代农业展示型发展模式 ··························· 40

第三章 乡村旅游规划的理论基础 ·························· 43
- 第一节 区位理论 ·· 43
- 第二节 消费者行为理论 ······································· 45
- 第三节 旅游人类学理论 ······································· 47
- 第四节 景观生态学理论 ······································· 50
- 第五节 可持续发展理论 ······································· 51
- 第六节 旅游地生命周期理论 ································· 55

第四章 当代乡村旅游的经营管理 ·························· 59
- 第一节 乡村旅游经营管理概述 ······························ 59
- 第二节 乡村旅游的经营策略 ································· 76
- 第三节 开办乡村旅游的相关手续 ··························· 79

第五章　当代乡村旅游的服务管理 ·················· 85
第一节　乡村旅游餐饮服务管理 ·················· 85
第二节　乡村旅游客房服务管理 ·················· 93

第六章　乡村旅游规划与旅游项目设计 ·············· 107
第一节　乡村旅游规划创意 ······················ 107
第二节　乡村旅游规划格局 ······················ 110
第三节　乡村旅游规划项目设计 ·················· 114

第七章　乡村旅游环境与环境保护规划 ·············· 133
第一节　乡村旅游容量的概念与测定 ·············· 133
第二节　乡村旅游资源保护规划 ·················· 137
第三节　乡村旅游环境保护规划 ·················· 141

第八章　广西乡村旅游规划设计的案例 ·············· 153
第一节　广西乡村旅游概况 ······················ 153
第二节　广西阳朔住宿业 ························ 154
第三节　广西大明山生态旅游 ···················· 158
第四节　广西代表性乡村生态旅游示范村 ·········· 166

第九章　广西乡村旅游经济发展的策略 ·············· 171
第一节　广西乡村旅游经济发展的政策建议 ········ 171
第二节　广西乡村旅游经济发展的机制构建 ········ 177
第三节　广西生态旅游的发展策略 ················ 186

参考文献 ·· 193

第一章 绪 论

目前,我国经济正呈现新常态,其经济结构始终优化,从要素驱动到投资驱动再到创新驱动,始终在适应新的形势,保持新的战略姿态。加快产业的转型升级,积极持续推进新型城镇化和区域经济一体化,增强可持续竞争力,既是我国现在所面临的新的发展机遇,也是我国整个经济增长的驱动力,同时将给我国的旅游业发展带来持久的动力。

第一节 乡村旅游的概念与类型

一、乡村旅游的概念

(一)乡村旅游的定义

乡村旅游是以充分开发具有观光、旅游价值的农业资源和农业产品为前提,把农业生产、科技应用、艺术加工和游客参加农事活动等融为一体,供游客领略大自然的浓厚意趣和现代化新兴农业艺术的一种农业旅游活动。乡村旅游还包括旅游渔业、旅游牧业、旅游副业等。近年来比较流行的乡村旅游开发形式,还是直接以乡村为对象所进行的旅游开发。

从目前国内外学者对乡村旅游概念的界定来看,关于乡村旅游的概念至少包括以下几个方面的内容。

①乡村旅游发生在乡村地区,不同于城市的乡村性景观资源,乡村聚落景观、乡村文化景观、乡村经济景观和乡村生态环境景观是对城市居民的主要吸引力所在。

②乡村旅游是以乡村民俗文化为灵魂,独特的乡村旅游文化是乡村旅游持续发展的魅力所在。

③乡村旅游以农民为经营主体,旅游的文化特色则是游客可以住在农家屋、尝试农家活、品尝农家饭和享受农家乐等,它是集住宿、体验、餐饮、游览、

娱乐和购物为一体的传统观光旅游向休闲娱乐旅游过渡的一种新的旅游形态，有助于游客陶冶情操。

（二）乡村旅游的特点

乡村旅游是一种广受大众喜爱的旅游类型，具有广泛影响和多重功能。乡村旅游的地域区位、旅游吸引物和旅游活动等都有着自己的特点。把握这些特点，对乡村旅游开发、运营和发展都有重要意义，也有利于发挥乡村旅游的生态效益、经济效益和社会效益。

1. 旅游资源的丰富性

乡村旅游的资源十分丰富，既有自然景观，又有人文景观，还有独特的农业资源、文化资源等。

2. 旅游分布的地域性

我国乡村旅游的分布十分广泛。例如，根据民族的不同，可以分为汉族乡村和少数民族乡村；根据地理位置的不同，可以分为山地乡村、平原乡村等。甚至，在一个村落之内，也有南北之分。

3. 旅游时间的季节性

农业活动受自然环境的影响较大，因此，农业活动也就具有一定的季节性，这也在一定程度上影响着乡村旅游的发展。

通常，农业活动是根据春夏秋冬的四季来对时间进行划分的，因此，对于乡村旅游而言，夏秋一般为旅游的旺季，冬春则为淡季。

4. 旅客行为的参与性

参与性主要是指乡村旅游活动项目要能吸引游客积极参与，才能使他们真正体会乡村旅游的乐趣。

乡村旅游要调动当地居民的参与积极性，这样不仅可以使居民受益，也可以真正体现乡村旅游"乡村性"的特质。乡村旅游可以开展各式各样的活动，包括文体活动、富有乡村特色的娱乐活动、乡村民俗节庆文化活动和农事体验活动等，这些活动把游客与当地村民联系起来，增进了双方之间的交流，达到了"众乐乐"的休闲放松目的。游客还可以发挥自己的创造性和主体性，积极参与到乡村旅游项目的开发中去，实现价值共创。正是这种参与性，使得乡村旅游具有较高的游客涉入度，带给游客难忘的身心体验。

5. 旅游产品的文化性

我国不仅具有悠久的农业历史，还具有独特的农业文化。不同地域的农村由于其地理与自然条件的不同，涌现出了各式各样的农业文化。此外，农村文化不仅包括农业生产，还包括民俗、民间文艺等。因此，乡村旅游产品也具有文化性的特点。

6. 人与自然的和谐性

乡村人文生态环境不仅包括由村落、乡村建筑和农田设施等构成的物质文化环境，而且包括由农耕文化、民风民俗、乡村生活方式等构成的人文文化环境。乡村田野风光、气候条件、空气和水体的洁净度、土壤状况以及植被覆盖率等构成了自然生态环境。对于农业生产来说，其与自然密切相关，人们对自然环境的改造和适应，都是为了获得农产品的丰收，同样，在农业生产中形成的乡村文化，追求的也是人与自然的和谐。因此，对于乡村来说，尽管经过了不断发展，但仍然保持着原本的自然风貌和浓厚的乡土风情。正是由于其具有的种种特征，使游客通过乡村旅游能够获得重归自然、返璞归真的感受，在乡村旅游中感受人与自然的和谐。

7. 旅游经营的低风险性

乡村旅游是旅游产业向农业生产的扩展，因此，乡村旅游是在乡村原有的农业生产资源与条件的基础上所进行的开发，只是调整了经营方式，不会破坏其原有的生产形态。因此，乡村旅游的开发在难度和风险上都较低，并且能够很快获得成效。

二、乡村旅游的类型

由于不同的学者对乡村旅游的内涵与外延的认识存在差异，以及乡村旅游活动的多样性、市场的多元性，人们可以从不同的角度对乡村旅游进行分类，以揭示其不同侧面的特征。

（一）按乡村旅游活动的功能划分

从乡村旅游活动的功能来看，可以将乡村旅游分为观光型、体验型、求知型等。

1. 观光型乡村旅游

这一观光活动的主要内容有粮田、特色蔬菜、花卉苗木、乡村农舍、溪流河岸、园艺场地、绿化地带、产业化农业园区、特种养殖业基地等自然、人文景观，以满足游客回归自然，感受大自然原始美、天然美的愿望，在山清水秀的自然风光和多姿多彩的民族风情中放松自己，从而获得心灵上的愉悦。

2. 体验型乡村旅游

体验型乡村旅游主要结合当地的民俗文化、农业生产和农副产品，通过参与民俗活动、种花栽树、修剪花木、除草施肥、挖地种菜、采摘瓜果蔬菜、捕鱼捞虾、放养动物、水车灌溉、学做乡村风味小吃、木机织布、人工编织、手工刺绣、简单农具制作、陶制品制作等来体验乡村生活的质朴淡雅，并体验耕种收获的喜悦。

3. 求知型乡村旅游

求知型乡村旅游以城市居民，特别是少年儿童为对象，向他们普及农业、农科方面的知识，使他们能够充分了解乡村的民风与民俗。

（二）按乡村旅游开发的形式划分

从乡村旅游开发的形式来看，一般可以将乡村旅游分为以下几种类型。

1. 观光农园

观光农园指让游客进入已开发成熟的果园、菜园、花圃和茶园内去摘果、采菜、赏花和采茶，尽情享受田园的乐趣，同时利用特色农产品开展一系列的旅游节庆、购物活动。

2. 游客农园

游客农园指由农民提供农地，让游客参与耕作的园地。一般是集中将农地规划为若干小区，分别出租给游客，用以种植花卉、蔬菜、果树及其他家庭农艺。游客农园根据不同的使用对象，可分为家庭农园、儿童农园等。

3. 教育农园

教育农园指兼顾农业生产与教育功能的农业经营，农园中所种植的作物、饲养的动物以及配备的设施具有一定的教育功能，主要有稀有植物、热带植物、农耕设施、栽培和传统农具展示等。

4. 民宿农庄

民宿农庄指以农业资源、生态环境和农村生活文化为基础，提供游客住宿、餐饮和相关活动设备与服务的场所。

（三）按乡村旅游活动的载体划分

从乡村旅游活动的载体来看，一般可以将乡村旅游分为以下几种类型。

1. 森林型

森林不仅环境优美，而且空气非常清新，可以吸引游客体验回归自然的乐趣，并且提供休闲、度假、避暑、疗养等服务。

2. 民俗村寨型

民俗村寨型利用乡村特色地域文化或风俗习惯、民俗活动或具有民俗特色的村庄、农场、建筑群，让游客享受农家浓郁的乡土风情和民俗文化。从民俗生活的空间角度来看，可进一步分为山村民俗游、水乡民俗游、渔村民俗游等。

3. 民族村寨型

民族村寨型指以民族文化为载体，以民族文化遗产保护、传承与展示为核心的乡村旅游类型，开展观光、学习、体验、文化探秘等多种形式的活动。

4. 高科技农业园型

高科技农业园作为一种旅游农业模式，是由人工建造的，目的是为了更好地展现先进的农业科技和农业生产方式。

5. 古村落（镇）型

古村落（镇）型指以古村落（镇）的历史文化和人们的生活场景为吸引物而开展的多种旅游活动，最具有代表性的是江西婺源和水村、浙江乌镇、江苏周庄等古村落的历史寻访游等。

（四）按乡村旅游活动的区位划分

从乡村旅游活动的区位来看，一般可以将乡村旅游分为以下几种类型。

1. 依托城市城郊型

城市郊区的农民依托农事活动和农家生活场所，为城市居民创造农事活动的参与机会、提供餐饮服务和住宿服务等。其多表现为城市居民周末游憩、娱乐、度假，具有重游率高、市场营销周期短的特点，是目前最为成熟的类型。同时，由于城郊的性质不同，所以在构成乡村旅游的内容上不仅有其相同的部分，而且有各自的特色。

2. 依托大型景区型

我国的乡村往往分布在风景名胜区周围。壮美的自然景色、恬静的田园风光、独具特色的乡土文化和农耕文化，形成优势互补的旅游资源富集区。农民或以自筹资金承包的山林地为资源兴办旅游业，或在景区周边乡村围绕旅游市场的需求来发展特色农业，或开展以家庭接待为主，融入一些乡情活动的乡村旅游。

3. 边远独立的民族村寨型

原生态的自然与人文景观、原始的乡情习俗,构成了一个个特色浓郁、具有极强文化与生态色彩的乡村旅游地。

第二节　乡村旅游的起源与发展

一、我国乡村旅游的起源与发展

(一)我国乡村旅游的产生背景

我国是一个古老的农业国家,悠久的农业历史造就了丰富的农业文化。我国农业资源丰富,乡村景观多样,发展乡村旅游的资源也非常丰富。城市居民的生活消费不再仅仅满足于食品、服装、住房和交通,而是转向多元化、高水平的文化娱乐,回归自然,向往田园生活,渴望回归田野间。因此,巨大的客户群体和源源不断的市场需求以及旅游需求为乡村旅游的发展提供了强大的推动力。自20世纪90年代以来,随着旅游业的发展和农村条件的改善,使乡村旅游业的快速发展成为可能。在国家宏观调控时期,世界乡村旅游的发展和社会资本的新投资领域也促进了我国乡村旅游的快速发展。

20世纪80年代末,改革开放初期的深圳首次尝试举办了荔枝节,主要目的是吸引投资,随后又创办了收益较好的采摘园。因此,各地都纷纷以此为榜样,开展了各种乡村旅游项目。

(二)我国乡村旅游的发展特征

①乡村旅游仍处于早期发展阶段,产品的主要特征是显而易见的。它的特点是产品类型单一,以农业旅游公园和水果采摘公园为主。我国的国土面积广阔,自然景观多样,民俗文化丰富,为乡村旅游提供了广阔的发展空间。乡村旅游发展初期处于卖方市场阶段,加之大多由农民自行开发,没有长远的发展规划,配套不足、服务落后、管理混乱,大多数乡村旅游产品在原有农业生产的基础上略有变化,不具备独特的设计理念和创新的文化品位。

②乡村旅游消费也呈现初级化特征,我国乡村旅游消费的初级水平不仅与产品供应的初级水平有关,也与游客消费心理的低水平和中国社会经济发展的总体水平密切相关。目前,受旅游供给水平低、经济收入水平低、综合素质低和传统节俭消费观念等诸多因素的影响,大多数乡村游客的消费水平较低。由

于旅游服务水平低，精神享受低，乡村旅游一直呈现初级化特征。

例如，在游客参与采摘时，大多数游客更加在意水果的价格、品质和数量，而忽略采摘过程中去体验收获的心灵感受。在"住农家屋，吃农家饭"的乡村民俗旅游中，游客最看重的不过就是旅游期间便宜的旅游花费，而体验民俗风情，以修身养性为目的的还是少数。以休养疗养、艺术创作和商务会议等较高层次的旅游活动在我国乡村旅游中所占比例还较小。

③从国内乡村旅游的客源市场结构来看，中低收入阶层的城市居民是乡村旅游的主体客源。尽管我国乡村旅游的发展还处于早期起步阶段，但巨大的客户群体、广阔的市场需求、丰富的旅游资源为乡村旅游的更好更快发展提供了条件。

（三）我国乡村旅游的发展现状与存在问题

我国经济的稳定、持续、快速发展，不仅大大改善了经济的整体面貌，而且大大提高了人民的生活水平和生活质量，同时也为旅游业的发展做出了贡献，带来了巨大的发展机遇。改革开放40多年来，我国旅游业发生了重大变化，形成了快速发展的三大市场——入境旅游市场、国内旅游市场和出境旅游市场，旅游业在促进消费，增加就业，消除贫困，促进经济繁荣和社会发展方面发挥了重要作用。

据文化和旅游部统计数据显示，2017年我国接待的入境游客比2016年大概增长了同期的9.6%，共5400多万人次入境旅游，国际旅游收入419亿美元，比上年同期增长19%，国内旅游人数同期增长了1.6亿人次，我国公民出境人数多达4000多万人次，比2016年增长大约20%。旅游产品和旅游业发展模式日趋多样化。作为国民经济的新增长点，旅游业得到了进一步的发展和壮大，实现了从大型旅游资源国到世界旅游国家的历史性跨越。发展大型旅游的理念深深植根于人民的心中。

1. 我国乡村旅游的发展现状

（1）三大市场的完善

①入境旅游市场。我国入境旅游虽然在1949年新中国成立以后就已经出现，但真正的发展始自1978年改革开放。从1978年至2017年的40年间，我国入境旅游飞速发展，成为改革开放中一个不可或缺的重要环节，极大地推动了国际旅游业的迅猛发展。

②国内旅游市场。我国国内旅游起步于20世纪80年代初。进入20世纪90年代以后，国内旅游开始升温。1995年5月1日，双休制实行，给居民的

中短途出游创造了条件。1999年，黄金周制度实行，极大地刺激了我国国内旅游的快速发展。随后的7、8年时间，旅游活动开始进入城市、进入农村，旅游开始成为人民不可或缺的生活方式。2017年，国内旅游人数达到48.8亿人次，每个中国公民实现了人均三次出游，这标志着国内旅游发展到了一个崭新的阶段。

③出境旅游市场。出境旅游高速发展是新时期我国旅游发展的突出现象。我国出境旅游的兴起形成"入境、国内、出境"三大市场共同发展的格局，这意味着我国正在成为世界重要的客源地，这有助于提高我国在国际旅游市场上的地位；同时出境旅游的发展使得我国旅游业的市场体系更加完整和成熟。从1993年到2007年的15年间，出境旅游人数从374万人次增加到4095万人次，平均增幅达到18.6%。特别是2000年以来，出境旅游人数增速迅猛，这反映出我国公民出境旅游的能力随着综合国力的增强得到迅速提高。

我国公民出境旅游是国内旅游的延伸、升级和深化，也是从世界旅游大国向旅游强国迈进的必由之路。2000年我国公民出境旅游已突破过1000万人次，其中因私出境旅游人数560多万，约占出境总人数的54%，而到2016年出境旅游已达到1.2亿人次，同比增长10.09%。

2017年我国公民出境旅游超1.3亿人次，继续保持亚洲最大出境旅游客源国的地位。旅游业的国际影响力日益增强，在国际多边和双边的各种交流中发挥着越来越重要的作用。出境旅游尤其是因私出境旅游的快速增长是我国综合国力、居民生活水平、经济社会开放的最为直接、最为生动的见证。

综上所述，我国旅游三大市场的发展并不是同步的，而是递进式的发展，改革开放以后的20世纪80年代，我国旅游的主体市场是入境旅游，进入到90年代以来，国内旅游出现快速发展，同时出境旅游也迎来了第一波增长行情；进入21世纪以后，入境旅游增长趋于稳定；国内旅游继续保持较快的增长；而出境旅游则表现出更为强劲的增长势头（就连2003年的"非典"时期，出境旅游也有20%以上的增长）。在此期间，入境旅游人数的平均增幅为8.6%，国内旅游人数的平均增幅为10.3%，出境旅游的平均增幅为18.6%。1993年以来，入境旅游经历了第一波快速增长以后，由于港澳这两个主要市场增速趋稳，逐渐进入成熟发展期，总体增长速度低于国内旅游和出境旅游。

国内旅游和出境旅游的快速发展，意味着中国公民的境内外旅游正在成为我国旅游业的主体，这也同我国居民财富迅速增加紧密相连。虽然目前我国入境、国内、出境三大市场呈现出不均衡的增长状态，但是目前我国旅游市场已从根本上扭转了入境旅游"一花独放"的失衡畸态，而是三大市场的均衡发展和全面协调，这是我国旅游业发展过程中转型和升级的重要结果，我国旅游业的发展正在日渐完善。

（2）产业地位显著提升

旅游业作为一个综合性极强的产业，对地区经济的发展起到了积极的促进作用，成为调整经济结构，增加劳动就业，带动第三产业发展的重要力量。各级政府对旅游产业带动区域经济社会发展、作用有了深刻认识，并给予厚望，为满足旅游业快速发展的迫切需要，各省、市、自治区依据区域内自身经济社会发展的战略目标和要求，在国家旅游产业政策尚未出台的情况下，纷纷出台加快旅游业发展的政策措施，为有效促进旅游业的快速发展，提升当地旅游业的国际竞争力，实现旅游业的战略目标，从而促进经济发展和社会发展。

2. 我国乡村旅游发展存在的问题

乡村旅游作为一种新的旅游发展方向，早已在我国出现，并开发得有声有色，但也存在着问题。

（1）缺乏正确认识

一方面，由于传统观念的影响，有的人对于旅游开发的认识仍局限于山水风光与名胜古迹，认为乡村旅游缺少可开发的旅游景观资源，因此就造成了对乡村旅游的忽视，导致乡村旅游的开发建设缺乏支持；另一方面，对于乡村旅游的开发，也存在认识不足的问题，主要是对乡村旅游的性质与特色认识不足。乡村旅游作为一种旅游业与农业结合的新型产业，农业是其重要的基础。但是，有的开发者没有认识到农业对乡村旅游的重要性，只是在乡村进行单纯的旅游开发。还有的开发者，为了搞旅游开发，在乡村开展大规模的建设与改造，将农业旅游区变成了文化旅游区。这些开发方式，都不是乡村旅游开发的正确形式，难以真正体现乡村旅游的魅力与特点，也就无法对游客产生吸引力，最终导致开发失败。

（2）缺乏整体规划

旅游业的开发，对于区域经济有着较强的推动作用，因此，有的地区领导出于发展经济，增加收入的目的，在没有充分分析本地乡村旅游的资源优势和客源市场的情况下，就一哄而上，搞乡村旅游的发展，造成重复建设、功能雷同的问题，既浪费了资源，又难以获得理想的经济效益。例如，在我国一些沿海都市的郊区，其凭借着靠近都市的区位优势，有着较大的客源市场潜力。但是由于缺乏整体的规划和协调，各个区县一窝蜂地搞乡村旅游，结果造成旅游开发项目的雷同，造成相互间的盲目竞争，难以取得理想的效益。乡村旅游开发的这种盲目性，在农户身上也有所体现，有的农户看到别人通过乡村旅游发家致富，自己也急于搞农业旅游，因此也就忽视了市场分析与规划设计，仅凭自己现有的农业资源，就搞起了农业旅游，其所搞的农业旅游在层次和品位上都不足，配套设施也难以跟上，影响了旅游的环境与服务质量，难以吸引到游客，不仅难以致富，甚至还会因为盲目旅游开发而亏本。

（3）缺乏市场分析

要想搞好乡村旅游就必须深入、准确地分析市场，包括市场的需求、规模及变化。对于乡村旅游来说，城市是其主要的目标市场，因此，乡村旅游的开发要想获得理想的效益，就必须全面分析城市市场和游客。而有的地方，既没有进行必要的市场分析，也没有掌握相邻地区的同类项目竞争情况，就盲目进行乡村旅游的开发，结果不仅游客的数量不足，而且导致相互的竞争。

（4）旅游产品单一

目前，我国的乡村旅游对农业资源和民俗文化资源的开发水平还有待提高。其提供的仍主要是满足游客物质需求的旅游活动，如采摘、垂钓等，"农家乐"也只能提供餐饮、聊天等服务，缺乏深度体验农业生活的休闲项目，难以满足游客对于乡村旅游的精神与文化需求。

（5）基础设施不完善

通常来说，乡村旅游开发的所在地经济发展水平相对较低，因此缺乏资金用于旅游开发的基础和配套设施的建设，如道路条件差、卫生间数量不足且条件简陋、住宿设施条件差等，导致其卫生、安全等方面的条件较差，也就难以吸引游客前来旅游，即便有游客来，也难以获得良好的旅游体验。

（6）经营不规范

我国的乡村旅游处于起步阶段，在经营上也存在不规范的问题，其主要表现在以下几个方面。

①旅游项目的审批、管理不规范。有的旅游项目没有申办报告，有的审批没有经过专家论证，就自行发放审批手续。有的旅游项目则没有纳入旅游部门的正式管理范围，开业和停业都较为随意。

②经营和服务不规范。有的旅游经营者随意定价，甚至存在宰客现象。有的旅游服务人员则素质不足，难以为游客提供满意的服务。

③考察不规范。缺乏对旅游项目的动态跟踪与考察，没有形成考评的末位淘汰制度。

④管理体制不健全。乡村旅游的管理体制尚未纳入政府行政职能，尤其是农业部门和旅游部门难以在管理、扶持等方面发挥相应的职能。

（7）资金投入不足

乡村旅游开发在各方面都需要一定的资金支持，如乡村旅游的园区建设、市场宣传与营销等。但是，对于乡村和村民来说，其缺乏足够的资金。因此，这也是影响乡村旅游开发的一个重要因素。

（8）缺少政策和法规

旅游开发既不耽误农业生产，又能获得额外的经济收入，因此，农民对于乡村旅游开发具有较强的积极性。但是，从政府方面来说，尚未针对乡村旅游制订相关的优惠政策和管理办法。缺少了政策的支持和法规的管理，乡村旅游就难以实现真正的可持续发展。

（四）我国乡村旅游面临的新机遇与新挑战

经济的发展和社会的变化为我国旅游业的不断发展和全面提升提供了良好的机遇。但与此同时，随着社会的变化，物质生活的丰富，人们的精神面貌和思想意识也在悄然变化。收入的提高和生活质量的逐步提升，使得消费者在旅游过程中的消费习惯、消费理念等方面逐渐成熟，这也给旅游业的发展带来了巨大的挑战。

1. 假日制度的完善

（1）假日制度的改革

随着经济的发展，人们的生活方式和生活诉求也在日益变化。在物资和商品匮乏的年代，人们工作的目的是生产更多的产品解决基本的生活问题，但是在科技高度发达、生产效率成倍提高、物资极大丰富的今天，人们希望有更多的时间用于休息。一方面是经济的发展为休息提供了可能性；另一方面是因为休息是公民获得健康的途径，可以利用闲暇时间提高自己，在今后能够更好地从事政治、经济、文化活动。

我国的工业化和现代化将创造巨大的物质财富，也会让人们获得大量的休闲时间。休闲时间的增加会促使人们在休闲消费方面"释放能量"。人们的生活内容极为丰富，休闲消费能力不断提高，餐饮、购物、旅游、健身、娱乐等消费与以往相比明显增加。国家假日制度的改革为人们的出行创造了更多的可能性，也为旅游业的发展带来了前所未有的机遇。

（2）"黄金周"旅游的发展

"黄金周"的原始标题来自日本，日本每年在4月底和5月初都有长假。在日本，5月3日是宪法日，5月5日是儿童节，再加上周末就形成了长达一周的长假。在我国，"黄金周"的由来也可能是因为为期一周的长假给旅游业和其他相关行业带来了黄金消费。以"黄金周"为标志的国内旅游在扩大居民消费需求方面的作用不断凸现。

（3）从节日旅游到假日经济

严格来说，现在所谓的假日旅游只是节日旅游的一种现象。各种问题的发生也是由于短暂的节日拥挤造成的。为了进一步发展，假日旅游应该提高到假日经济的层面。假日经济的概念主要体现在1999年后的三个"黄金周"、寒暑假的转移、带薪休假制度的实施以及奖励旅游系统的推广。

首先，通过多年的发展和积累，业界对寒暑假来源的认识不再局限于单一群体的学生。广大学校教职员工以及与学生相关的人员，构成了寒假和暑假的巨大市场。其基本特征是时间长、覆盖面广、消费能力随着经济的发展而增长。这样，不仅可以促进假日旅游的多元化，还可以扩大旅游的范围。

其次，带薪休假制度的落实。2007年国家取消五一"黄金周"，增加清明、端午、重阳三个传统节日，形成了三个小"黄金周"，并全面落实带薪休假制度，这不仅会有效缓解大"黄金周"所带来的交通、景区压力，起到分流的作用，同时还会给人们的出游方式带来变化。

七天"黄金周"的长距离旅游将被周边游、近距离旅游和深度体验旅游所替代，面对假日制度的调整，许多旅行社和旅游服务公司纷纷推出了新的旅游线路吸引游客。在进入小康社会的今天，国家经济、社会面貌得到了极大的改善，各项基础设施日益完备，外部制约因素逐渐弱化，旅游已经成为人民生活的必需品。

最后，促进奖励旅游的发展。实际上，奖励旅游更准确的翻译是"激励旅行"。奖励旅游是现代旅游的重要项目，旨在奖励员工出色的工作表现。但这种旅游不仅仅是观光和休闲。

奖励旅游让每位参与者都能享受VIP体验，成为"生活中的经典旅程"，作为对员工的奖励，这将进一步调动员工的积极性，增强公司的凝聚力。激励旅行的历史可以追溯到20世纪20年代的美国，现在仍有50%的美国公司使用这种方法来奖励员工。

在英国商业组织中花费的商业资金的五分之二是以奖励旅行的形式支付给员工的。在法国和德国，超过一半的资金通过奖励旅行支付给员工。目前国内企业奖励旅游做得还不是很普遍，但从发达国家的经验来看，奖励旅游有着良好的发展前景和市场空间，是企业员工带薪休假的另一种形式。

因此，伴随着国家假日制度的不断完善和发展，居民在休假方式上也不限于旅游一种，而会形成以旅游为主体，多种方式并存的假日经济体系。

2. 人类的个性化旅游需求

随着电子技术的发展，可以实现人类个性的最大化。与此相符，旅游产品的种类必须越来越丰富，在需求曲线上形成无限延长的长尾。旅游需求和结构变化的增加实际上带来了需求的根本变化。这种根本性的变化体现在旅游市场，个性化需求越来越突出，这种类型的旅游活动需要越来越详细。另外，官方旅游活动正在逐步完善，在扩大官方活动后，他们也将逐步显示个性化需求。

知识经济时代所构建的学习型社会，极大地提高了旅游者获取知识和信息的能力，旅游者也变得更加成熟和理性，个性化需求也越来越容易得到满足。在个性化的时代，旅游者在很大程度上已经从消费者转换成一定意义上的生产者，这也是基于技术化的发展，原先的产品是由经营者主导，现在是客人提出自己的个性化要求，由经营者提供，甚至是共同进行。

人们已经厌倦千篇一律的旅游方式，反感马不停蹄的旅游节奏，而是主动探寻新的旅游形式，进入21世纪以后，互联网的普及为此提供了广阔的发展空间，各种类型的旅游俱乐部、各式各样的旅游网站、各种"驴友"的旅游博客铺天盖地，为人们的出行提供了详细的信息，自己设计旅游路线的自助游、自由行成为一种新的旅游方式。

除此之外，伴随而来的还有旅游内容的改变，传统景区不再是人们的首选，以求新、求异为内涵的新型旅游受到人们的青睐，生态旅游、乡村旅游、探险旅游、特种旅游等成为近年来旅游的新类型，旅游方式呈现多样化，旅游产品呈现多元化。

虽然传统文化观光旅游仍是主要市场，但在发展的过程中，各种特色旅游产品不断创新，形成了一个不断细分的旅游市场，节日旅游产品、休闲旅游产品、探险旅游产品、奖励产品、邮轮旅游产品、生态旅游产品、滑雪旅游产品以及城市旅游、工业旅游、乡村旅游、科教旅游、婚庆旅游、健康旅游、探险旅游等都纷纷涌现出来，极大地丰富了旅游产品。

与现代城市相比，乡村风景秀美、空气清新、民风淳朴、生活节奏舒缓，又具有独特的民风民俗，能给人一种惬意、闲适、平和的感受和生活体验，适合人群居住。乡村旅游发展到今天，以旅游观光为主的景区化发展早已不能适应当前的形势和游客需求的变化，人们越来越倾向于追求一种生活化的旅游方式，于是乡村生活便成为乡村旅游发展的升级版，乡村旅居就成为一种生活方式。

目前，日益火爆的民宿便是比较接近乡村旅居的一种旅游业态。生活化与旅游化的乡村生活也日渐被人们所认可和接受。

二、发达国家乡村旅游的起源与发展

（一）发达国家乡村旅游的起源与发展

乡村旅游起源于欧洲，距今已有100多年的历史。早在1855年，法国巴黎的贵族就经常到郊区乡村旅游。1865年，意大利成立了专门向城市居民介绍休闲旅游的"农业与旅游全国协会"。第二次世界大战后，随着城市化的快速发展、城市人口和建筑的高度密集、城市生态环境的恶化，居住在城市中的人们迫切需要找到缓解的途径，因此都要求到郊区进行乡村休闲旅游。

20世纪60年代初，西班牙作为当时的旅游大国，积极开发乡村旅游，规划建设农场和庄园，提供各种休闲项目，如农业活动、漂流、滑翔、远足、登山、骑马等，还组织与乡村相关的各种形式的学习班、培训班等，开创了世界乡村旅游的先河。此后，德国、美国、波兰、日本、荷兰、澳大利亚和新加坡大力提倡和开发乡村旅游。最终，乡村旅游成为这些国家最受欢迎的旅游方式之一，他们称乡村旅游为"绿色假期"。他们住在农民的家里，吃农民自己做的新鲜食品，欣赏农场周围的自然风光，到附近的池塘钓鱼，并与农民一起参加各种农业劳作活动，学习农民的面包制作和果酱技术等，乡村旅游活动内容丰富多彩。此时，世界各地的乡村旅游已不再是观看田园风光，而是具有观光休闲功能的观光休闲农业园区，旅游活动以观光为主，在此基础之上再结合饮食、旅游、住宿等多种方式开展经营。因此，乡村旅游专业从业人员应运而生，乡村旅游也独立于农业和旅游业，农业和旅游业的共同发展和相互融合，标志着新型交叉产业的出现。

20世纪80年代，随着度假旅游需求的不断增加，使观光农业园区也发生了改变，由单纯的观光性向休闲度假经营、体验教育、环境保护等多功能拓展，休闲农场、生活和生态多功能的市民农场、教育农场、度假农场等应运而生。到20世纪90年代，一些国家引进了乡村文化旅游，包括乡土风情、民俗文化、农耕文化、农舍建设、节庆活动等，进一步提升了乡村旅游的文化、内涵、层次和品位。

（二）发达国家乡村旅游的发展特征

在发达国家的各级政府中，旅游业被认为是替代乡村传统产业成为农村经济增长和创造就业机会的主要来源。20世纪50年代后，作为乡村发展的战略产业，欧盟、原东欧国家、太平洋地区国家都非常重视乡村旅游，各国政府出台了各种政策强有力地支持和干预乡村旅游的发展，使乡村旅游得以迅速扩展。

20世纪70年代后,美国、加拿大、以色列和日本等国家的乡村旅游也开始盛行。

从国外乡村旅游客源市场结构的特征来看,其是随着社会发展而不断变化的。在发展的早期阶段,乡村旅游主要是穷人的旅游度假形式,随着时间的推移,越来越多的富人参与其中,旅游主体的文化水平逐渐提高,因此乡村旅游已经发生了变化,社会各界的游客都纷纷参与其中。随着社会的发展,乡村旅游成为集观光、休闲和度假于一体的旅游形式,其中,提供食宿的农舍、家庭旅馆等形式增长很快。

目前,乡村旅游已经成为一种较高层次的旅游行为,其可持续发展氛围已经十分浓厚。

第三节 乡村旅游的功能与意义

一、乡村旅游的功能

(一)经济功能

乡村旅游是促进农民就业,增加农民收入的重要途径,有利于就地、就近转移农村的剩余劳动力;是调整农村产业结构的重要方式,有利于农村经济的快速发展。

(二)社会功能

乡村旅游提供给了都市居民和农村居民一个交流的平台,有利于发展农村的经济和改善农村的面貌;有利于促进农村社会的进步,缩小城乡差距。

(三)教育功能

乡村旅游可以提供给游客一个了解农业文明、学习农业知识、参与农业生产活动的机会,是融知识性、科学性、趣味性为一体的农业生态科普园地。

(四)文化功能

乡村旅游文化包括农村民俗文化、乡村文化和农业产业文化,在将各种农村文化活动提供给游客的同时,也对农村的文化发展起到了促进作用。

(五)环保功能

乡村旅游的发展可以在一定程度上保护和改善乡村的生态环境,维护自然景观生态,从而促进环境品质的提升,对生态系统的良性循环起到一定的帮助作用。

（六）游憩功能

乡村旅游可以为游客提供观光、休闲、体验、娱乐、度假等各种活动的场所和服务，有利于放松游客的身心，缓解工作和学习的压力，陶冶性情。

二、乡村旅游的意义

（一）乡村旅游的经济意义

乡村旅游和休闲农业是由第一、第二、第三产业有机融合而衍生出的新的旅游业态，对农业、农民、农村、旅游业的意义重大。其发展意义可以分为以下几个方面。

①有利于建设新农村和构建社会主义和谐社会。
②有利于提高城乡居民生活素质，促进农村精神文明建设。
③有利于增加农民收入，促进农民就地转移就业。
④有利于提高城乡居民生活水平和居民生活幸福指数。
⑤有利于合理配置城乡资源，促进城乡经济、信息和技术的交流。
⑥有利于维护农业自然生态环境，改善村容村貌。
⑦有利于促进农村产业结构调整，开发拓展农业的多种功能。

在欧洲，乡村旅游主要是为了振兴乡村经济，因此其经济影响一直是备受关注的问题。乡村旅游在拯救乡村、推动地方经济、扩大就业率，以及促进乡村经济多元化等方面具有积极作用，是调整农村产业结构的重要举措。

发展乡村旅游能够延伸农业的产业链条，拓展当地人民的就业增收空间，使其成为当地人民的重要收入来源，促进传统农业向现代化农业的转变。传统农业主要依靠土地本身的耕作，生产目标较为单一，属于投入少、产出低的自然经济型农业。通过乡村旅游经济的可持续发展，有效促进了社会、环境、农业经济效益的协调发展，增加农业生产的高科技含量。

（二）乡村旅游的环境意义

为了吸引游客，需要美化乡村旅游目的地的周边环境，且应该具备错落有致的乡村意象。在发展的过程中应注意保护生态环境，提高能源、资源的可循环利用率，保护乡村的文化遗产资源。在许多发达国家，乡村成为人们高度关注的对象，因此乡村旅游开发要突出乡村的独特性，并以其为核心实现可持续开发。首先，乡村和农业与自然紧密相连，具有较高的敏感性，因此乡村旅游和休闲农业的开发,在一定程度上可以引进高精度、更科学的农业生产方式,维护乡村环境;其次,协调开发与保护的需要,优美的环境是乡村旅游长远发展的坚实基础,因此,保护环境成为发展乡村旅游和休闲产业的基础工作。以浙江滕头村的旅游发展为例,只有保护好青山绿水,才有可能实现经济和社会效益,促进环境保护和可持续发展。发展乡村旅游的农村乡镇,有利于增强当地人民的环保意识,提高该地区的可持续发展力。

乡村旅游的发展,使广大农民从根本上找到了实现长期富裕的渠道,不仅促进了当地经济的发展,而且有效减轻了社会就业的压力。乡村旅游的发展优化了农村的经济结构,推动了基础设施改造的进程,扩大了农民与外界的沟通面,提高了农民的素质和文明程度,转变了农民的思想观念。

(三) 乡村旅游的社会文化意义

乡村旅游有助于增强当地社区的自豪感,推动乡村与外界的社会文化交流,平衡乡村内部及城乡间的发展差距,促进地方文化发展和遗产保护。同时对社会结构、婚姻、家庭等方面也存在一定的积极影响,可以促进社区团结和优化社会结构,如鼓励女性更加独立,拓宽村民的认识视野等,是推进城乡一体化的有效途径。

目前,种植业依然是我国的主要产业,产业结构十分不合理。乡村旅游经济的可持续发展,促进了物流、资金流、信息流、人流、技术流向乡村地区集聚,并且将剩余劳动力逐渐转移到第三产业中,有效改善了乡村的投资环境。随着乡村旅游的发展,城市的各种新理念、新信息传入乡村,对农民产生了潜移默化的影响,全面提升了农民的素质。

第四节 乡村旅游规划的界定与内容

一、乡村旅游规划的界定

乡村旅游规划是旅游规划的一种。关于旅游规划的概念,国内外学者提出了许多不同的观点。

①冈恩认为,旅游业起源于游客对旅游的欲望,终止于这种欲望的满足,因此,满足游客的需求是旅游规划的首要目标。

②瑞内尔和大卫·多夫认为,旅游规划是经过一系列选择决定的最终行动过程。

③盖茨认为，旅游规划是在调查研究与评价的基础上，寻求旅游业对人类福祉及环境质量的最优贡献的过程。

④墨菲认为，旅游规划是通过预测和调整旅游系统内的变化，促进其有秩序开发，最大程度扩大开发过程中的效益。它是一个连续的操作过程，以达到某一目标或平衡几个目标。

⑤吴人韦认为，旅游规划是旅游资源优化配置与旅游系统合理发展的结构性筹划过程。他还进一步指出，旅游资源优化配置是指技术与人力资源、公共投资、社会文化旅游资源、自然旅游资源、信息与宣传设施、服务设施、基础设施等旅游产业要素及相关社会经济资源的优化配置；旅游系统合理发展是指积极影响最大、消极影响最小、持续稳定的发展；结构性筹划是指主要控制旅游发展的基本趋势、基本模式、基本内容框架及战略重点等，而不是对旅游系统事无巨细的安排。从这些概念表述中可知，旅游规划应该是一个面向未来，以旅游系统为对象，以需求为目标导向的筹谋过程。

乡村旅游规划是旅游规划技术方法在乡村领域的应用实践，是在乡村旅游系统要素发展现状调查评价的基础上，针对乡村旅游系统的属性、特色和发展规律，并根据社会、经济、文化发展和游客需求的变化趋势，以综合协调乡村旅游系统的总体布局、系统内部要素功能结构以及以乡村旅游系统与外部系统发展为目的的战略策划和具体实施。

掌握乡村旅游规划的概念，关键在于领悟其核心理念，即整体性与战略性。作为一项系统性的经济技术行为，乡村旅游规划必须通盘考虑乡村旅游开发过程中可能涉及的各种因素及其相互关系，运用适当的经济、技术资源，特别是智力资源，在进行充分调研、论证的基础上，提出具有长远战略意义的开发建议。在乡村旅游的规划中，经济、技术是先决条件，充分的调研、策划、论证是科学保障，合理处理和协调旅游资源保护、自然人文环境与乡村旅游业发展之间的关系是前提。同时，人们越来越认识到智力的重要性，因为只有具备独具匠心的乡村旅游规划，才能创造独具魅力的乡村旅游项目，才能保证其在激烈的市场竞争中立于不败之地。

二、乡村旅游规划的原则

根据乡村旅游与休闲农业旅游资源的特点，在旅游开发时应遵循以下原则，从而更好地保证所有利益相关者的权利与权益。

（一）当地居民参与社区管理

人是组成乡村旅游资源最活跃的因素，在发展乡村旅游时要积极组织当地居民参加旅游服务，安排具有地方特色和民族特色的民俗文化旅游项目，使外来游客受到原汁原味的乡村文化氛围的感染。村民可向游客提供当地的传统食品以增加收入，可以生产工艺品向游客出售。保持民间工艺美术品的真实性，对促进乡村旅游的健康发展，保护本地文化传统具有非常重要的意义。可以通过表演具有当地特色的歌舞来增强游客的兴趣，或者培养当地居民成为导游，以其生动形象的讲解使游客更深入地了解当地文化。

（二）以旅游促进新型城镇化

产业融合促城乡一体，规划先行助"城镇上山"。小城镇处于农村与城市之间，在城乡发展中具有承上启下的作用，既是工业化的重要载体，又是农业产业化的服务依托，对广大农村具有巨大的带动作用。

（三）以市场为导向的品牌战略

乡村旅游与休闲农业产品与其他旅游产品一样，是针对相应的市场需求设计产生的，旅游者的需求是开发乡村旅游产品的重要因素之一。开发乡村旅游前必须充分了解市场，并对其进行市场调查和分析，开发具有特色、适销对路的乡村旅游产品。

（四）高效集约利用土地和资金

长期以来，我国村庄由于缺乏政府部门控制和指导，始终是城乡规划建设的薄弱环节，相关法律法规的颁布和实施，使村庄规划建设已经纳入城乡规划体系。同时，经过多年的"新农村"规划建设实践，我国积累了一定的经验与技术，通过编制相关规划引导村庄合理有序建设成为可能。土地浪费现象在我国大多数镇区和村庄十分明显，如土地资源利用低效、空心村的现象严重、人均占地面积较大等。因此，相关政府部门必须加大管理力度，提高土地和资金的利用率。

（五）整体开发与择优开发相结合

乡村旅游资源既具有形式多样、丰富多彩的特点，又是区域旅游资源的一个组成部分。要把乡村旅游资源的开发利用纳入区域旅游开发的系统工程中去，从区域旅游的角度出发，进行统筹安排、全面规划，从而形成统一的区域旅游路线，促进区域经济的发展。由于资源的普遍性特点，在开发过程中容易出现许多问题,如产出少、投入多、重复建设、产品替代等,因此应在综合比较论证、资源普查的基础上,确定乡村旅游产品开发的重点,择优开发。国家应在技术、资金、政策等方面给予支持,优先开发当地居民有浓厚开发热情、人文和自然生态环境相对优渥、交通条件较为便利、区位条件较优的乡村地区。

(六) 硬件建设与软件建设相结合

在村庄建设中应充分挖掘具有地方特色的传统风俗文化。经过长期的实践证明,地方文化的挖掘直接影响着规划成果,即对地方文化挖掘越充分,越能得到人们的认可。村庄基础设施的建设需要注意两个方面,一是加入村庄文化特色,保留村庄的建筑风貌;二是设施的实用性,在乡村旅游建设的规划中应保留一些具有村庄特色的设施,并且融入能够美化村庄的元素。

(七) 开发与保护相结合

乡村生态环境相当脆弱,尤其是西部地区,因此发展乡村旅游时应注意乡村生态环境的保护与建设,增强策划者、管理者、开发者、旅游者等相关人员的生态环境保护意识。在规划开发中,需要注意两个方面,一是做好环境保护规划,加强城镇设计,避免过度开发对自然生态环境产生的消极影响;二是控制用地规划及污染,提高旅游环境的可持续性。延长旅游产品的生命周期是增强区域旅游竞争力的关键,因此必须根据旅游产品的生命周期特点选择开发策略,充分利用旅游产品为区域旅游发展增添活力。在旅游产品开发的过程中,要尤其注意旅游资源及其环境的保护,并且妥善处理开发与保护之间的关系,为开发的可持续化奠定基础。

规划乡村旅游必须在充分了解其实际情况之后,分析市场需求和自身条件,避免盲目开发。上级政府部门必须切实加强规划发展保障体系,加大扶持力度,多个部门联合开展研究,例如科技、林业、旅游、规划、农业等部门,并进行宏观指导和调控。

(八) 保存独特性

在市场导向的基础上,应结合本地资源特色,因地制宜、回归本色,保存独特性。受不同的经济、文化、历史和社会发展的影响,农村会呈现出不同的、具有一定吸引力的特征,因此需要在分析客源市场的基础上选择合理的、具有特色的旅游规划。

开发特色旅游产品不仅是市场竞争的核心,更是旅游吸引力的主要源泉。因此,在乡村旅游开发中应不断挖掘具有当地色彩、凸显当地文化的特色资源,从而开发具有垄断的旅游产品。乡村本色是吸引旅游者进行乡村旅游的基础和前提，是乡村旅游整体推销的核心和独特卖点，是界定乡村旅游的最根本标志，也是吸引旅游开发商投资的核心竞争优势。乡村本色是基于乡村性的，因此要弄清楚什么是乡村性，什么是界定乡村旅游开发的关键。一般来说，乡村性包括地域辽阔、人口密度较低、经济活动简单、建筑物占地面积少、以自然用地为主（农业用地、林业用地等）、具有传统的社会文化家庭和血缘观念重、具有保守心理等特征。乡村资源的价值在于其淳朴的乡村环境与幽静的乡村氛围，"淳朴"是乡村吸引力的关键所在。

三、乡村旅游规划的程序

乡村旅游规划的制定必须从全局的角度，有计划、有步骤地考虑和解决问题，最大限度地保证规划所具备的可行性、指导性、有效性。因此，在制定规划的过程中，必须按照以下五个工作环节进行，通过每个环节不断反馈、调整，最终形成一个动态循环的工作流程。

（一）调查与分析

1. 实地调查

调查与分析主要是指实地调查和综合情况分析。规划委托方和规划编制方在签订规划编制合同后，由规划编制方组织多个领域的专家组成考察组，对相关区域进行实地调查。

2. 综合情况分析

规划组整理和研究调查资料，并综合评价和分析各个方面，如管理机制、开发与保护状况、资源、产业结构、市场等，这一阶段是制定规划工作的基础与关键。

（二）确定目标体系

规划目标、发展指标，以及指导思想共同构成了乡村旅游规划的目标体系。

1. 规划目标

规划目标是依据指导思想对规划区发展的未来可能性所做的状态和位置选择，因此要求在制定规划目标的过程中，必须在当地政府机构的配合下进行，对社会、经济、环境等因素进行综合衡量。规划目标作为规划科学性的标志，必须要经得起社会的综合检验。

2. 发展指标

发展指标是使规划目标所确定的方法进一步量化所形成的一系列可度量的标准,它在初步确定后,依据制定规划过程中的反馈信息进行调整。

3. 指导思想

这一部分是对乡村旅游系统历史选择、价值取向,以及基本趋势的高度概括,是规划决策的最高形式。指导思想作为指导规划工作的总方针,必须体现相关工作人员对各方面背景、形式的理性把握,如经济发展形势、科技发展背景、社会价值背景、宏观政策背景等。

由此可见,三个部分相互依存、相辅相成,协调三者之间的关系是乡村旅游规划目标体系的关键。

(三) 形成战略构想

规划目标体系的确定,为规划区的系统发展提供了必要的方向与方位,而战略构想的形成则为其提供了实现规划目标的行动框架。其内容庞大且复杂,但必须明确战略对策、战略布局、战略步骤、战略模式四个方面。

①战略对策:主要是指针对重大风险、特殊机会、主要缺点,以及主要形势所采取的手段,具有较强的可操作性和针对性,影响着全局的发展。

②战略布局:主要是指对规划区进行的功能分区。

③战略步骤:主要是指实现规划目标的阶段划分与定位。

④战略模式:主要任务是确定主导乡村旅游发展的主体对象,如产品导向模式、形象导向模式、市场导向模式等。

(四) 编制规划报告

规划报告是由规划编写人员在上述工作的基础上制作的乡村旅游规划正式成果,一般包括规划文本、规划纲要、规划说明书、规划资料汇编和规划图件等部件。规划文本是对规划的目标体系、支撑体系及保障体系等详细内容的规定性文件,它是规划报告的主体部分。规划纲要是规划文本的简要形式,是对规划文本做出的提纲挈领式的总结。规划说明书则是对规划文本的具体解释。规划资料汇编应收入在规划编制过程中汇集整理的基础资料、技术数据、调查统计资料、计算过程、专题研究报告等。规划图纸的比例、内容分项、绘制手段、绘制精度可视规划阶段、规划类型与实际需要而定,但其中的勘察测量图件必须符合测绘主管部门的有关规定和质量要求。

四、乡村旅游规划的内容

乡村旅游规划的成果一般包括规划文本、图片和附件。不同类型的乡村旅游规划由于编制目的和技术深度的不同，其文本内容的侧重点和图片技术要求也有所不同。

（一）乡村旅游发展规划

乡村旅游发展规划需要全面分析规划区乡村旅游业的发展历史与现状、优势与制约因素，以及与相关规划的衔接；分析规划区的客源市场需求总量、地域结构、消费结构及其他结构；提出规划区的乡村旅游主题形象和发展战略；提出乡村旅游业发展目标及其依据；明确乡村旅游产品开发的方向、特色与主要内容；提出乡村旅游发展重点项目，对其空间及时序做出安排；提出要素结构、空间布局及供给要素的原则和办法；按照可持续发展原则，注重保护开发利用的关系，提出规划实施的保障措施；对规划实施的总体投资分析，主要包括旅游设施建设、配套基础设施建设、旅游市场开发、人力资源开发等方面的投入与产出方面的分析。

（二）乡村旅游区总体规划

乡村旅游区总体规划需要全面分析和预测乡村旅游区的客源市场的需求总量、地域结构、消费结构等；界定乡村旅游区范围，进行现状调查和分析，科学地评价旅游资源；确定乡村旅游区的性质和主题形象；确定规划乡村旅游区的功能分区和土地利用，提出规划期内的旅游容量；规划乡村旅游区的对外交通系统的布局和主要交通设施的规模、位置；规划乡村旅游区内部的其他道路系统的走向、断面和交叉形式；规划乡村旅游区的景观系统和绿地系统的总体布局；规划乡村旅游区其他基础设施、服务设施和附属设施的总体布局；规划乡村旅游区的防灾系统和安全系统的总体布局；研究并确定乡村旅游区资源的保护范围和保护措施；规划乡村旅游区的环境卫生系统布局，提出防止和治理污染的措施；提出乡村旅游区近期建设规划，进行重点项目策划；提出总体规划的实施步骤、措施和方法，以及规划、建设、运营中的管理意见；对乡村旅游区开发建设进行总体投资分析。

第二章 当代乡村旅游的发展模式

乡村旅游在国外可追溯到19世纪工业革命时期,但乡村旅游的大规模开展却是在20世纪80年代以后,目前欧美发达国家的乡村旅游已具有相当大的规模,开发模式多样化,显示出现代乡村旅游文化的极强生命力和发展潜力。按照不同类型景区的发展特点,本章节分析归纳了民俗风情、景区依托、度假休闲等国内乡村旅游发展的六大模式,并对各种模式在实际操作中的指导意义进行了深入探讨。

第一节 乡村旅游发展模式概述

一、发展模式概述

因为政府的推动,我国乡村旅游萌芽于20世纪50年代,其典型代表为河北省因举办外事活动而开展的乡村旅游。20世纪80年代以后,我国开始普遍发展乡村旅游,以政府为主要的推动力逐渐转到市场,并在周边景区形成了依托型乡村游,主要模式为农户独立经营。国内乡村旅游进入快速发展阶段是在20世纪90年代,因为市场与政府的双重推动作用,并依托丁城市、景区、度假、高科技农业和休闲科普等,由此形成了多种经营模式并存的发展局面。

随着全国范围内乡村旅游的迅速开展,乡村旅游被越来越多的国内学者所研究,并且取得很大成果,尤其是乡村旅游的发展模式。但大部分学者只是研究这一领域的其中一方面,还没有人对其进行全面总结。国外在乡村旅游发展方面有着很多成功的例子,如新加坡的"复合农业园区"、欧美的"度假农庄"和日本的"绿色旅游"等,都在一定程度上有借鉴意义。但国内的旅游消费特色是有着明显不同的,因此我们必须加快探索适合于中国乡村旅游发展的本土模式。

二、不同发展阶段乡村旅游的价值构成

乡村旅游的发展阶段可大致分为以特色资源为主的发展阶段、以旅游产品为主的发展阶段和以区域合作为主的发展阶段。

（一）以特色资源为主

以特色资源为主的阶段的价值来源是凭借乡村的农业生产、生态环境和乡村文化等特色旅游资源实现的产业发展，产业整体价值水平较低，价值结构单一。其产业的价值则主要表现在乡村旅游景区产生的收益，特别是在社会效益方面，但在经济效益方面却表现不够明显。公益目标才是产业发展的主导目标，而其发展的主要推动力是政府，主要驱动因素为政策，这些是它的发展机制。

（二）以旅游产品为主

以旅游产品为主的阶段的价值来源是科技资源、文化资源被广泛应用，并通过对各种特色资源的科学配置，为使乡村旅游产品具有地方特色而进行不断创新。其主要的价值表现在，产业价值结构逐步完善、整体价值水平逐步提高，产业价值主要表现为乡村旅游景区（或旅游村镇）所产生的收益。另外，乡村旅游的产业链越来越完善，其价值也越来越明显。在强化了产业经济效益后，社会与生态的效益的改变也逐渐变小。除了公益性目标，盈利的目标性也得到加强，驱动了产业发展的主体是政府和各类经营者，市场需求拉动、政策驱动是同时存在的，这是它的发展机制。

（三）以区域合作为主

以区域合作为主的阶段的价值来源是在传统资源以外，人们还开发利用了人造旅游资源，这都是为了资源的融合开发利用能够得以实现。而其价值表现则主要是产业链与产业集群的价值产生的收益增多，产业整体水平得到新提升，以及经济、生态和社会效益的共同实现。其发展机制主要是同时重视公益目标与盈利目标，产业发展的主体是经营者与中间服务商，主导因素则是市场竞争与需求。在经营者的内在需求之下，区域内乡村旅游在景区、景区间及非景区内的合作都非常紧密。

第二节 民俗风情型发展模式

一、发展背景

民俗旅游是指选择具有地方或民族特色的地区,利用农村特有的民间文化、地方习俗和少数民族独有的民族传统,作为休闲农业活动的主要内容,以此让游客充分享受浓郁的乡土风情和乡土文化。具体可以利用具有农村特色的地域文化或民俗活动,以及具有民族特色的村庄和农场,建立农民宿舍或农村休闲民俗农场,让游客可以住在农家,并参与到日常的农村活动中,充分享受丰富的乡村风俗和民俗文化。通过参观乡村民俗文化中心、农产品生产车间和乡村住宅建筑,参加当地文化活动,如春游、唱歌和赛马等;还可以考察民俗文物、当地文化历史,体验农业生产和农业生活的变化过程。

独具一格的民族民俗为旅游提供了很大的发展空间,我国民族旅游发展具有丰富的资源基础、强烈的地域特色和明显的发展优势。同时,由于投资少,达到目的迅速,也就逐渐成为新的增长点,受到了当地政府的重视并得到了政策支持,国内外游客也对此有着高度评价。

然而,随着民俗旅游的蓬勃发展,民俗文化在旅游中受到冲击,甚至消亡。面对民俗文化保护与旅游发展之间的矛盾,以及当地居民与旅游经济之间的抉择,出现了类似依赖乡村旅游的民俗未来应该如何发展、怎样实现双方的共赢以及找到发展的平衡点等问题,对促进我国乡村旅游的发展具有积极的现实意义。

民俗旅游是一种先进的文化旅游,主要包括物质习俗、社会组织习俗、节日习俗、生活仪式和精神文化民俗。它满足了游客"寻求新思想,寻求差异,寻求知识"的心理,成为旅游行为和旅游业发展的重要组成部分。农村民俗文化旅游是一种将乡村旅游与文化旅游相结合的主题旅游,以乡村民俗和民族传统文化为主题,有助于深入探索乡村旅游产品的文化内涵,满足游客的文化旅游需求,提高产品质量。

目前,发达国家和发展中国家都积极开展民俗旅游。突尼斯依赖土著人民的纪念碑和洞穴、民居、乡村服饰、马匹等民俗文化,已然成为非洲和阿拉伯国家的主要旅游目的地。科特迪瓦用其独特而精致的人造面具来表达其传统文化。近年来,我国民俗文化旅游也取得了长足的进步。文化民俗作为一个旅游项目,已经逐渐树立了自己的品牌形象。全国各地的旅游部门都非常重视该地区的民俗文化资源,如昆明云南民族村、内蒙古草原风情游、新疆民俗游等。

二、主要特征

（一）历史性

民俗在一定时间或特定时期会发展外部特征，这一特征也可以称为时代标志的特征，又因为这个特征是在民俗发展的特定历史中构成的，所以它具有历史性。以发式习俗为例，全蓄发、簪发为髻，置于头顶，这是明代男发式；前顶剃光，后脑梳单辫，是清代男发式；分发、背发、平头、剃光是辛亥革命后的男发式，同时这种发式也流传至今。以上这些便能展示出几百年间发式的历史特征。

同样，服饰习俗中的长衫、马褂、圆顶瓜皮小帽，正是古时的一般商人、乡绅的男装，在新中国成立后就迅速被淘汰了。在我国两千多年历史的封建统治下，从整个封建时代的面貌来看，民俗的历史面貌呈现出相对稳定的保守状态。然而，即使在整个封建时代，由于政权更迭、民族交流和生产发展等政治经济因素，每个阶段都会表现出不同的历史特征。

与唐代服饰一样，经过五代后，在北宋和南宋时期，发生了巨大的历史性变化，民俗学和民俗学研究不能忽视这种民俗风情的历史特征。

（二）地方性

地方性是民俗在空间上所显示出的特征，这种特征也可以叫作地理特征或乡土特征。由于这一特征，其在当地的自定义环境中被用于塑造和展示。俗语说"十里不同风，百里不同俗"，民俗学区域具有非常普遍的意义。无论受特定地区的生产、生活条件和地理环境限制的民俗现象类型如何，在不同阶段都以当地色彩着色，民俗现象的类型受到生产、生活条件、地理关系的限制，当地风俗习惯的形成与自然资源的独特性、生产发展和社会习俗传统有关。因此，从地域性来看，我们可以看到各个地区形成的民俗事件构成了各种类型的同心圆，成千上万民间同心圆的分布是相互联系又有所不同的民间地区。

例如，我国东北地区，受几千年经济文化的影响，形成了一个大的同心圆，使它与我国华北、西北、西南、华东等地区有很大民俗差异。在这个大区域中，小区域也有许多同心的民俗圈，它们彼此不同。这种民俗特征标志着民俗事象依附于地方乡土的黏着性。

（三）传承性

传承性是民俗发展过程中运动规律性的特征之一，也是民俗存在和发展的一个重要特征，具有普遍性特点。传承性在民俗的发展中呈现出很大的不平衡。在具有充分文化发展条件的民族和地区，这种传承往往处于活跃状态，即在发展中表现出来。相反，在文化发展条件不充分、甚至文化发展停滞不前和落后的民族和地区，往往没有传承，即以其固有的保守形式表现出来。

所以，城市习俗的传承和发展更加明显，偏远村庄的封建思想更为突出。在当代民俗调查中，城市习俗中的传统节日远不如乡村习俗原始。在比较的过程中，这种不平衡自然会发展为城市民俗和乡村民俗之间的关系和差异。因此，对传承性的理解只能在民俗的发展中获得。

（四）变异性

变异性是民间文学艺术发展过程中表现出的一种特征，与遗传密切相关并且相容。同时，它又与历史和地方特征有着千丝万缕的联系，标志着民俗学在不同历史和不同地区的传播所发生的变化。

换句话说，民俗的传承永远不能被理解为对原作的原始模仿。正是由于历史的变迁和不同地区的传播，民俗从内容到形式或多或少都会有一些变化，有时甚至是戏剧性的变化。因此，民俗学的传承和变异是两个矛盾统一的特征。

在民俗学理论的长期发展中，把传承的特点摆在主体地位是正确的。但是，相对地忽视了变异的特征则是不对的。那些在民俗中寻觅遗留物的做法是不可取的，对发展人类文化无益。只有既研究其传承，又关注其发展变化，才会有助于人类社会的进步。

三、典型案例

（一）特色项目

1. 人文环境营造

为了对原生态的商业和文化氛围进行保护，在对丽江古城的旅游开发中，政府不仅实施了文化名人回落古城的行动，还推行了准入制度，将古城保护管理委员办公室核发的准营证作为进入古城从事经营活动的硬性条件，从而实现规范商业行为、淡化现代商业范围的目的。把没有当地特色的现代服装店、美容美发厅、网吧和音像店等都迁移出去，对店铺的招牌、装潢等进行统一规范。还要注意对店铺的数量与规模进行控制，对经商者经营具有地方民族特色的商品要予以鼓励和支持，并培养外来的经商人员，以便他们能够充分融入当地民俗生活。

2. 演艺产品开发

丽江最著名的代表作为《印象丽江》，这是最能代表当地文化的文艺演出。它以民俗文化为背景，由十多个少数民族的几百名演员共同演出，通过他们的生活、舞蹈和其他现实生活、活动，丽江丰富多彩的民俗文化得到了集中展示。除了《印象丽江》之外，丽江还充分发展了当地民俗，每天都会有独特的纳西族民间音乐和云南大规模的歌舞晚会在古城东街上演。

3. 美食产品开发

丽江有很多具有当地特色的风味小吃，四方街成为游客品尝特色小吃的一个重要场所，这是一条具有当地民族特色的民俗小吃商业街，也是丽江夜景的一部分。

4. 住宿产品开发

丽江到处都是比较有特色的民居客栈，至少有上千家，小资的、慵懒的、地中海式的、藏式的、明快的。客栈多为四合院，由纳西人的住屋装修而成，具有浓郁的纳西风味，成为游客体验丽江的慢生活和地域文化的最佳场所。

5. 旅游纪念品开发

丽江旅游纪念品主要都是当地特产，如螺旋藻、普洱茶、银制品、玉器、木雕、蜡染、皮草、皮包、披肩、围巾和民族服饰等。有时游客还可以看到整个工艺生产过程。

（二）经验借鉴

1. 创办旅游文化学院

以人为本是丽江在旅游发展中一直最为注重的原则，这一原则在对旅游从业人员的教育培训方面也有所加强。在这一点上，联合国的官员还对其创办旅游文化学院给予过高度肯定。

2. 旅游发展实现共赢

利用、保护民俗文化，无论是当地居民，或是经营管理者，都能够在开发与保护中切实感受到利益，这样也有助于达到风险共担与利益均沾等目的。虽然这一目的尚有不足之处，但也给了民俗文化旅游一个很好的榜样作用。

3. 利用品种多样性的特色

民间文化有很多种，涵盖了社会生活的各个方面。在发展具有农村特色的文化产业时，我们应该满足不同层次、不同爱好、不同物质和精神需求的人的需求，避免单一化。根据当地情况，不仅可以收集民俗或民间工艺的巨大成就，还可以开发单一品种系列来赢得更多关注。还可以建设特色文化乡村，一地一个品种，使区域种类丰富多彩，如云南省立足"一乡一业，一村一品"特色文化产业开发。发展民俗文化旅游、民族艺术展演业、民间工艺品展销业等，门类多样。

第三节　景区依托型发展模式

一、发展背景

区域旅游在资源和市场方面的发展契机，离不开成熟景区中巨大的地核吸引力，由于这样的优势，周边乡村地区常常就会成为乡村旅游的优先发展区。因为景区会较大范围地影响周边的乡村发展旅游业，我们通常将这一类乡村旅游称之为景区依托型。景区与其周边乡村在各方面都是存在联系的，它在地脉、文脉和社会经济等方面是有着地域一致性的，并且还为乡村旅游发展提供了文化土壤。开发景区和之后的发展都得到了乡村的见证，因此会更容易形成强大的旅游服务意识，也为旅游发展提供了良好的民众基础。近年来，我国"黄金周"景区拥堵的现象日益显现出封闭型景区的弊端，这促使景区与周边区域要进行配套发展。

总而言之，景区依托型的乡村旅游发展模式，是由于核心景区的休闲化发展需求以及乡村自身发展需求的推动下，在景区周边乡村探索出的旅游发展模式。

二、主要特征

（一）区位优越，风景共享

景区依托型乡村旅游由于临近成熟景区的辐射圈，在地理区位上有显著优势，为乡村旅游发展提供了地域上的可能性。成熟景区拥有相对较好的交通条件，而乡村与景区构建起交通联系后，形成了良好的旅游通达性。文化、环境、旅游线路等区域上的一致性，也使乡村与景区之间更容易达成一体化发展。

（二）资源优越，互补发展

同区域旅游发展的一个重要内容就是互助与求异，乡村在生态风光和文化渊源上与初始景区是存在一定延续性的，但其主要方向是田园风、民俗情，这与景区的发展特色在方向上是存在差异的，所以其发展是对景区旅游产品功能的有机补偿，与初始景区形成差异化互补发展的格局。

（三）市场优越，客流集聚

乡村的农家菜、农家院等农家乐设施可以承担景区的部分服务接待功能，成为景区天然的后方配套旅游服务区。依托景区的人气和客流，乡村成为天然的游客集聚地，并在发展中逐渐拥有自己市场的顾客群，为乡村旅游开发提供了市场前提。

三、典型案例

黄山翡翠居隶属于黄山中海假日旅行社有限公司黄山风景区分社，翡翠居地处黄山翡翠谷景区，属黄山风景区所辖范围，距离黄山南大门4千米，占地面积约333.35平方米，是一片私营休闲生态农家乐度假村，可一次性接待游客500余人，总投资约5000万元。

（一）特色项目

这是一片别墅式生态休闲农家乐，各种名贵花木，造型各异，争奇斗艳，周边环境十分优美，梨桃掩映其中。客房按星级宾馆标准设计，温馨、浪漫、自然、舒适；餐饮以四季农家菜为主，清新可口，野趣横生。入住其间远离了城市的喧嚣烦躁，尽享新鲜氧气，与大自然共同呼吸，令游客仿佛置身于"桃花源"里的人家。翡翠居农家乐有各式古徽州名菜、农家菜、山珍野菜和各地游客喜爱的川菜、粤菜等，最受客人欢迎的特色农家土菜有土鸡、小河鱼、臭鳜鱼等。

（二）经验借鉴

黄山翡翠居与临近的知名旅游景区黄山有着优越的地理优势，依托景区的客源以及知名度、景观、环境，充分利用当地的休闲农业与乡村旅游资源，着眼于"游、购、娱、食、住、行"六大旅游产业要素，采取多种多样的形式，为游客提供具有价格优势且凸显当地特色的产品与服务，能够积极为游客游览所依托景区提供细致周全的服务，方便游客前来入住与往返景区。

第四节 度假休闲型发展模式

一、发展背景

休闲度假的乡村旅游在我国仍然是一件新鲜事，也是一种新的社交生活方式，受到很多关注。近年来，北京的"生活休闲产业论坛""中国度假酒店论坛"、广东的"中国自驾车论坛""物业酒店发展论坛"分别举行，首先体现了我国休闲度假市场已达到临界点，其次体现了旅游业的全面发展。

休闲农场在欧洲已有100多年的历史。1855年，巴黎的贵族就计划了一次旅游，前往巴黎外的郊区度假。意大利的全国农业和旅游协会成立于1865年。在20世纪60年代早期，西班牙积极开发了休闲农场，计划建造农场和庄园，并提供各种休闲项目，如远足、骑马、悬挂式滑翔、登山、漂流和参与农业活动，还组织了各种形式的农业学校、自然学习班、培训班等，从而开创了休闲农场的先河。

从那时起，德国、美国、波兰、日本、荷兰、澳大利亚和新加坡等国家一直倡导和发展休闲农场。20世纪90年代中后期，休闲农场才在我国逐渐出现。伴随着人们收入的增加和生活水平的提高，假日休闲农场迅速发展，这源于乡村旅游和生态旅游的兴起。

二、主要特征

（一）度假时间长

例如，西欧和北欧的典型度假者，如果前往泰国的普吉岛，会选择乘飞机直接抵达，并在沙滩上悠闲度过一个星期，这才是真正的度假，也是非常典型的休闲方式。这种休闲方式在我国尚未广泛生产，只有少数人有这样的趋势。在过渡阶段，这意味着我国的休闲在一定意义上和一定时间内必须与观光相结合。

（二）散客和家庭式组织方式

目前，休闲度假区主要以个人和家庭组织的形式存在，而不是团体组织，这对现有旅游公司的运营提出了更高的要求。自驾游主要是个人乘客的形式，在环游城市的游客中，家庭旅游也占很大比例，特别是在周末。

（三）复游率高

度假旅游有一个特点，客人只要认准了一个度假地或一个度假酒店，那么其忠诚度是非常高的。比如，有些德国客人，一生度假可能就只到印尼的巴厘岛，一辈子几乎去二十次，也不会去其他地方。这是因为他认准了这个地方，觉得熟悉、亲切，这样外出度假的感觉和家里生活的感觉就能够内在地联系到一起；又如墨西哥的坎昆度假区，全世界很多富翁每年都要去那里度假。

（四）指向集中

目前，我们的许多度假胜地都只是披着所谓度假村的外衣，根本不了解真正的假日需求。

所谓指向集中是指客人的度假需求非常集中，不仅有对度假目的地选择的集中，还有度假需求的指向集中。但我们现有的很多度假村仅仅徒有度假村的外壳，城市酒店的内容及形式，意味着现在的所谓度假村并不了解游客真正的度假需求，经营和实际的指向集中于这样一个度假与需求消费特点并不完全对应的情况下。

（五）度假与观光

这一点就市场目前来说是较为特殊的。市场依旧在过渡时期中，因此会有一段时间来讨论度假和观光的方式。一般来说，在满足周末的需求方面是没有这种问题出现的，周末基本上就是休闲加娱乐。然而，为了满足中长假的需要，我们必须有一个合适的假期和观光形式。不过，这种形式只能在过渡期实行，从长远来看，这是一种较为单一的假日趋势。

（六）文化需求

游客在一定程度上来说，是有其假期需求的，且当生活达到一定水平时，假期需求就会逐渐转变为对文化的需求。游客不仅仅是单纯去丛林度假村呼吸新鲜空气，也并不只是想去泡个温泉。因此，度假村必须具备一定文化主题，而且内涵也要相对丰富。如果度假村的运营能够达到一定文化水准，那么它就具备了一定的文化和内涵。

三、典型案例

北京蟹岛绿色生态度假村位于北京市朝阳区金盏乡境内，紧临首都机场高速路，距机场仅7千米，是一个集生态农业与旅行度假为一体的项目。总占地

3 200 000 平方米，其载体是餐饮、文娱与健身，而轴心则是以生态农业为主，种植业、养殖业、农产品加工业、餐饮住宿业等彼此依存，成为一个环保、高效、协调的经济生态园区。

（一）特色项目

吃：绿色销售的关键是现场消费，绿色食品"鲜"的要求非常高，蟹岛实现了肉现宰现吃、螃蟹现捞现煮、牛奶现挤现喝、豆腐现磨现吃、蔬菜现摘现做，提供的农家菜有菜团子、糊饼、清蒸河蟹、葱烤鲫鱼，"开饭楼"餐厅同时可容纳千人就餐，此外，还有海鲜、粤菜、农家风味与盘腿炕桌等，都可以自由进行选择。

住：蟹岛仿古农庄是投资 6000 万元才得以建成的，其宗旨主要是用来展现中国北方自然村落。

玩：采摘、垂钓、捕蟹、温泉浴以及各种球类娱乐项目，还可以逛动物乐园，冬天可以在嬉雪乐园中滑雪，夏天可以在水上乐园戏水等。

购：销售的都是游客自己采摘与垂钓的农产品，或者是绿色蔬菜盒，深受游客喜爱。

游：园内采用生态交通，可以体验羊拉车、牛拉车、马拉车等，尽可能使用畜力交通工具，不用有害环境和干扰生物栖息的交通工具。

（二）经验借鉴

1. 生态规划保护环境

生态保护是长期发展的有力保障，休闲农场大多大面积种植，季节性强，同时，它不会拖延业务的盈利能力，这是生态保护的重点。同时，产业链的深入发展也是生态保护的有力支撑。整个农场可以发展"生产、供应、营销—育种"的产业链形式。比如，北京张裕爱斐堡酒庄和密云古北口的紫海香堤艺术庄园都在延伸产业链，以获得更高的利润和更长远的发展。

紫海香堤艺术庄园以爱为基础，创造了一种新兴的行业模式，将城市现代农业、情景休闲度假、文化和创意产业融为一体。它锁定了中高端消费市场，避免了与传统农业的竞争，分为"香草体验休闲"和"汤河亲水休闲"两大功能区，游客不仅可以体验异域风情，还可以参与香草文化的生产和体验。同时，出租场所可用于游客露营、婚庆公司婚礼场地、婚纱摄影工作室、艺术摄影基地等。在花海中，感受浪漫气氛，还生产香草系列时尚产品，制作干花、香包、精油、香水、肥皂、蜡烛，以及用普罗旺斯古法手工制作的薰衣草花茶等。具有特殊意义的纪念品增加了产品价值，从而获得更高的利润。

2. 注重品质吸引游客

举一个简单的例子，将一家快捷酒店与一般酒店进行比较可以发现，越来越多的人旅行时会选择一般酒店住宿，这是因为一般酒店远远优于快捷酒店，性价比会更高。一样的价格，每个人都愿意选择更高质量的一方。休闲农场的消费质量是高于农舍的，谈到农场，它让人想起欧洲中世纪的贵族庄园，风车、牧场、花房、城堡等，浪漫而高贵。与农舍相比，一般的休闲农场，无论是住宿还是设施，都必须有更高的改进水平：土坯房和稻草棚已升级为蒙古包、单户别墅等，环境更浪漫舒适，或面向湖泊，或观赏风景；服务更贴心，温泉和水疗等自然健康体验可任意选择；精心准备的美味细致菜肴，使游客的需求得到充分满足。

尤其是休闲农场，其配置有农村森林、小溪、草原和其他当地的自然风光，并且还配备了小型土楼、露营区、烧烤区、水上公园、体育锻炼区和各种娱乐设施，还以著名的新作物品种和高科技含量促进农业生产，吸引城市游客，为他们提供综合休闲场所和特色服务。该农场通常由几个农民或农民团体建立。规模大于休闲农场，面积一般超过500,000公顷，商业项目呈现多元化。

3. 学习西方经验促进发展

中西思想的差异创造了不同的发展方式和发展思路。西方的思想不能从外面复制。相反，我们必须科学合理地学习西方的先进理念，并结合我们的优势和文化，创造自己的繁荣之路。

国外农场的发展相对较早，在20世纪60年代就形成了一定的规模。郊区休闲农业已发展成为欧洲和美国等发达国家的关键旅游业，郊区休闲农业的收入占整个旅游收入20%。意大利的"绿色农业旅游"起源于20世纪70年代，被称为"绿色假期"。它将现代农业与自然旅游相结合，增添民俗风情和社会文化，形成综合休闲农业。法国的"农业旅游"已经建立了一个全国性的联合运营组织，名为"欢迎来到农场"，主要有家庭农场、教育农场、自然环境保护区和家庭农场。美国度假农场和观光农场依赖政府的政策激励和支持。他们主要是以购物和展示为导向的休闲农场。城市居民可以到农场购买农民生产的农产品，参观农业博物馆，了解农业和产品加工，这是非常有趣的，同时，还可以观看农业艺术展览，如艺术绘画和作物的水果塑造等。韩国农民开辟的农舍长期以来一直是农民收入的主要来源，他们还经营周末农场，让城市居民体验到劳动和收获的喜悦，这些都是值得我们学习的。

第五节 农场庄园型发展模式

一、发展背景

农村庄园模式依托高度工业化的农村产业。第一，通过发展农业旅游、度假、休闲、体验等功能，发展农业和旅游的同时兼顾产品组合，促进农副产品加工、餐饮服务等相关产业的发展，促进农业推广。第二，农村庄园模式适用于农业产业规模经济的地区。利用特色农业的土地景观，将加工技术和产品体验也作为旅游景点，开发观光、休闲和体验等旅游产品，并促进餐饮、住宿、购物和娱乐等行业，在工业经济中产生强大的协同作用。

庄园是一种组织形式，在欧洲中世纪中期以家庭为基础生产和管理农业。它不同于传统农业的专业化、集约化生产，而是大规模经营，在此之后，慢慢发展成个体家庭式产业。

改革开放颁布了相关法律法规，大力鼓励农业发展。庄园模式作为一种集中管理，可以在短时间内为农业发展筹集大量闲置资金，在旅游业的推动下，其确实可以迅速促进农业发展，是农业加工业和其他产业发展的一种新型组织形式。在传统农业的劣势逐渐凸显的时代，庄园旅游将农业和旅游业相结合，并探索了未来农业发展的新途径。

二、主要特征

（一）"农+非"土地运作模式

农村土地可根据使用功能分成农业用地和非农业用地两类。非农业用地一般用于住宿、服务和其他娱乐活动；农业用地则是庄园和农民用于劳作的农业生产用地。农业用地主要通过农民投资者的开发获得农田或农田资本，农民和房地产投资者在协商一致的基础上签订租赁或者股份制的受益证明。庄园投资者为获得开发和经营权，可以通过租赁农村集体所有的这类土地，而农村集体则可利用这些租金进行农村公共服务设施的建设。

（二）多元化的收益形式

只要运作顺利，农民与房地产投资者就可以获得实质性的利益并保持兼容。而对于农民来说，向房地产投资者出租土地可以获得租金及股息。

对于房地产投资者而言，可以通过旅游设施、餐饮、娱乐活动等带来相关收入。如果将土地租借给他人从事农业体验活动，如小规模农业土地租赁或自我种植，也可以获得该土地的租金。

（三）选择庄园区位

庄园布局需要与外部交通保持良好的连接，要使游客感到很容易到达。但并不一定要位于主要交通道路旁，这样也可以减少过境交通对度假和休闲的干扰，相对来说，最合适的路程一般与大都市相距1~2小时的车程。

（四）庄园旅游设计

第一，休闲区规模宏大，服务功能强大。其可以营造出良好的环境和浓郁的乡村氛围，成为休闲度假胜地的理想之地，摆脱城市的压力。

第二，体现当地的文化气息。美国牧场体现了"西部牛仔"文化，英国和俄罗斯的庄园体现了欧洲的庄园文化。

第三，开展农业教育，建立农业解说系统。

第六节 旅游小镇型发展模式

一、发展背景

从广义上讲，旅游小镇是一种小城镇，但它们不一定是已建立的城镇。目前，学术界尚无统一的学术定义。在各地旅游开发实践中，较为普遍的认识是，旅游小镇是指依托具有开发价值的旅游资源，提供旅游服务和产品的小城镇，并得到休闲产业和旅游业的支持，且规模较大，拥有较大的旅游人口比例。它不是一个行政概念，而是一个旅游景点或旅游综合体，结合了景点、城镇和度假村。对于旅游小镇而言，旅游业有利于转变旅游发展思路，创新旅游业发展模式，改善城市基础设施和旅游接待服务设施的建设，为旅游业的发展搭建新的载体。如今，我国A级景区相对成熟的旅游城镇发展已有很多，门票作为其主要收入来源，支持着休闲、度假和商业运营的景区开发。

二、主要特征

旅游小镇与普通小镇不同，其具有鲜明的特色。从商业结构来看，旅游小镇以旅游服务业和休闲产业为主。从空间形态来看，旅游小镇以休闲聚会为中心。从景观环境来看，旅游小镇本身就是一个文化氛围浓郁，环境优美的风景区。从旅游的角度来看，旅游小镇具有旅游的十大要素，即食品、住房、旅游、出行、购买、娱乐、身体、医疗、学习与领悟。从文化的角度来看，旅游小镇是文化旅游的重要载体，城市风格和建筑景观反映了某些文化主题。从城市化的角度来看，旅游小镇完善了城市公共服务设施。

三、典型案例

洛带古镇地处成都市龙泉驿区境内，是四川省打造"两湖一山"游区的重点景区、国家 4A 级旅游景区、全国首批重点小镇、成都市重点保护镇、成都文化旅游发展优先镇、省级历史文化名镇、全国亿万农民健身活动先进镇。据考证，客家人的先民原来居住在我国中原一带，因为社会变动及战争等原因，曾经有过 5 次大规模的南迁，后来在南方逐渐形成客民系，成为汉民族 8 大民系中重要的一支。至清末民初，客家人主要分布在广东、江西、福建、四川、湖南、湖北、贵州、台湾、香港、澳门等地区。如今居住在镇上的居民中，有 90% 以上的居民为客家人，至今仍讲客家话，沿袭客家习俗。全镇辖区面积 20 平方千米，以老街为中心，洛带镇周围十几个乡（镇、街道办）聚居着的客家人，约占当地人口总数的八成以上。目前，洛带古镇是"中国水蜜桃之乡"，也是"中国国际桃花节"主办地，其属亚热带季风气候，气候宜人，水质、空气均达国家标准，全年均适宜旅游。并且，洛带古镇是成都近郊保存最为完整的客家古镇，有"天下客家第一镇"的美誉，旅游资源十分丰富，文化底蕴也非常厚重。

（一）特色项目

客家美食系列：伤心凉粉、芜蒿饼、石磨豆花、李天鹅蛋，街边美食还有玫瑰糖、姜糖、张飞牛肉。

客家菜品系列：客家菜最出名的有九斗碗、酿豆腐、盐卤鸡、油烫鹅、面片汤。

特色旅游产品：状元福蚕丝被为 100% 纯天然桑蚕丝被，选自本地优质桑蚕茧，并在挑选、煮茧、抽丝、拉套等各个环节设置了质量监督，保证了蚕丝棉的品质。

特色景点："一街七巷子"和客家人的四大会馆（江西会馆、川北会馆、湖广会馆、广东会馆）。

特色节庆：每年 7 月 26 日、27 日一般会举行水龙节，场面热闹，极具客家特色。

（二）经验借鉴

洛带古镇的名字是因三国时蜀汉后主刘禅的玉带落入镇旁的八角井而得名。同时，"湖广填四川"时将客家人的客家文化带入洛带，因此洛带古镇被世人称之为"世界的洛带、永远的客家、天下客家"。洛带古镇旅游资源丰富，文化底蕴厚重，客家土楼博物馆、岭南街区、客家美食街区的博客小镇一期共有2万多平方米，有几十家商家入驻，其中由许多非物质遗产组成的洛带民间艺术保护发展中心将扎根土楼博物馆。游客可以走进土楼，近距离接触非物质遗产、观看非遗传人的精彩工艺表演，也可以在客家美食街区品尝种类繁多的客家美食与特色小吃，还可以走进文化艺术区，感受艺术文化魅力。

第七节 现代农业展示型发展模式

一、发展背景

现代农村的乡村旅游是一个新概念，乡村旅游发源于100多年以前的欧洲，是后工业化时期的刚性需求。我国现在已经进入工业化中后期，所以对乡村旅游的需求基本上可以界定为一种刚性需求。那什么才是刚性呢？生活里不可缺少的，这就是刚性需求。我们现在大体上进入第二个阶段——城乡一体化，究竟是谁"化"谁，是城把乡"化"掉，还是乡把城"化"掉。如果过于绝对，那么这种一体化就不一定正确。培育现代乡村旅游，我们和西方发达国家的起点不同，基点不同。西方国家的乡村休闲搞得很发达，也很精致，其从业者很多是城市里的年轻人，他们去从事乡村休闲是要换一种活法，是为了生活，可是我们搞乡村旅游首先是生存，这就是我们的基点和起点。回想我们以前搞的传统乡村旅游，单体规模小，应对市场难；基础设施不足，公共服务少；卫生条件差，产品供应不足；经营单一，同质化强；恶性竞争，质量不高，所以市场效果不佳。当然，因为乡村旅游建设成本低，而且农民经营基本没有成本概念，收到手里就是利润，这也是乡村旅游的优势，可是如果这一系列的问题，我们不能有针对性地加以解决，恐怕就会演变成比较大的问题。因此我们要想办法改善乡村贫困状态，起到促进调整农业经济结构、丰富农业功能、提高产品附加值、增加就业渠道、形成系列服务设施、推动农民观念转化、培育农村市场机制等的综合作用。

二、主要特征

（一）城市化

经济发达地区总体已经进入工业化后期阶段，其发展理念是如今的主要问题，这种情况主要表现在以下方面：①太急，还在强化经济增长率，社会心态也急躁；②太挤，人口过多且过度集中，建筑过密；③太忙，车流滚滚，人流匆匆；④太脏，高碳发展，空气污浊。而从需求来看，城市第一缺生态，第二缺健康，第三缺人文，第四缺快乐。

（二）模糊化

城市化的发展产生模糊化现象，一方面是因为城市日益扩张，边界逐渐模糊，城区成为核心区，近郊区成为城区，远郊区纳入城市带或城市群；另一方面又形成了城中村，这种边界的模糊就产生一些新的概念，如城际乡村、乡村小城，实现了家园一体、休闲发展的目的。我们需要不断地在现有条件下，探讨我国特有的发展模式。

（三）便利化

旅游格局是由交通格局所决定的，其中，第一个便利就是乡村旅游的便利化。追求大交通的顺畅，小交通的特色。第二个便利是生活格局的变化，需要强化新热点，培育重点项目、优势项目、聚集项目。第三个便利就是智慧乡村旅游，需要网络覆盖，信息全面，市场联通，这一条在市场的力量之下正在迅速变化和发展。

（四）新统筹化

一方面，应当用景观的概念看待农村；用综合的理念通过旅游提高土地利用率，提升农产品的附加值；用人才的观点发动农民，使农民也成为文化传承者，工艺美术师。另一方面，要用抓旅游的理念抓城市，突出人本化和差异性；用抓饭店的理念抓景区，突出精品化和细致化；用抓生活的理念抓休闲，突出舒适性和体验性。这些年，沟域、山域、水域、县域一类的乡村旅游的发展开始兴起，这是从传统的小流域治理开始，但是大家发现，光治理小流域不行，必须得培育产业。

三、典型案例

台农农牧有限公司系台商独资企业，创办于1995年，公司占地300多亩，总投资1500万美元，是一家集奶羊、奶牛养殖，乳制品加工生产、销售，旅游观光休闲为一体的现代农业企业。公司位于厦门市同安区北辰山风景区旁，有得天独厚的自然资源，风景秀丽、气候宜人，非常适合人居及养殖业的发展。

（一）特色项目

公司拥有三个牧场，其中奶羊场一个，奶牛场两个，现存栏奶羊2000多只，存栏奶牛1000多头，日产优质无公害鲜奶11 000千克，其中，其引进的先进奶羊、奶牛养殖技术、挤奶技术及设备，有力地保证了奶源的安全性和高品质。如今已经建立了众多营销网络，覆盖了福建全省各地、市，产品有巴氏杀菌鲜羊奶、羊奶酸奶、巴氏杀菌鲜牛奶等十几个品种，口感纯正新鲜、品质优良，受到了消费者的信赖。

（二）经验借鉴

在生产加工上，公司先后从日本、中国台湾引进了先进的乳制品加工生产设备，并高薪聘请了乳品专家，对生产加工工艺进行规范的指导，建立了一套完整的乳品加工工艺流程、管控流程，对产品加工的每一个关键环节做到有据可查，基本实现按照ISO9001、HACCP模式导入管理。公司具备独立的品管中心和产品研发中心，对每批次产品按出厂检验要求进行严格检验，检验合格后才放行上市，产品的研发充分依托台湾食品的开发技术优势，全面保证了乳品的营养性和适口性。

第三章 乡村旅游规划的理论基础

乡村旅游规划是一个多学科知识交互运用的创新过程，由于规划涉及面非常广泛，其理论基础也呈现出典型的多样化特征。总的说来，乡村旅游规划的理论基础主要包括区位理论、消费者行为理论、旅游人类学理论、景观生态学理论、可持续发展理论、旅游地生命周期理论。这些丰富的理论对于解决乡村旅游发展过程中的空间布局、功能定位、产品开发、市场营销景观设计、利益协调、生态保护等多方面的问题具有极其重要的指导意义。

第一节 区位理论

一、区位理论概述

区位理论是研究人类经济行为的空间区位选择及空间区内经济活动优化组合的学说，它产生于18世纪下半叶，其演进过程大致可以分为3个阶段：思想萌芽时期（18世纪下半叶至19世纪初期）、古典理论时期（19世纪20年代至20世纪40年代）、现代理论时期（20世纪50年代至今）。最初，学者们只是将区位作为生产过程中的一个影响因素在研究中加以关注。真正将区位研究上升到理论层面的是德国的农业经济学家杜能，他在1826年出版的《孤立国对农业和国民经济之关系》一书中对农业生产的空间布局模式进行了研究，并提出了著名的"杜能环"模型。他认为，在利润最大化的目标驱动下，产品种植将形成以城市为圆心的带状分布，即围绕城市构成一系列由近及远的同心圆，在距离城市最近的地方运输便利，宜实行集约经营，而在距离市场较远的地方宜实行粗放经营。其后，韦伯的工业区位理论、克里斯塔勒的中心地理论、廖什的市场区位理论等都是极具影响力的古典区位理论研究成果。20世纪下半叶，区位理论发展进入空前繁荣时期，相继经历了新古典区位理论阶段、以行为经济学为主的发展阶段、以结构主义为主的发展阶段、以生产方式为主的发展阶段、以非完全竞争市场结构为主的发展阶段，又涌现出了佩鲁的增长极理论、松巴特的生长轴理论、陆大道的点轴理论、弗里德曼的核心边缘理论、克鲁格曼的多重均衡理论、波特的区位竞争理论等一大批创新成果。

区位理论从经济主体和区域空间的角度研究了生产的最佳布局与均衡发展问题。区位决定了经济主体与其他主体间的空间关系，而发展能级则决定了该经济主体在区域发展中的地位和作用。区位理论原理引导旅游发展实践的情况非常普遍，如旅游距离衰减规律、大都市环城游憩带现象等。区位不单纯是经济活动的空间分布，更重要的是经济发展的空间基础。运用区位理论指导乡村旅游规划，一方面要进行区位创造分析，最大限度地创造良好的区位条件；另一方面还要在既定的条件下，合理、科学地选择最佳区位。

二、陆大道院士点轴系统理论的学理渊源

当代著名经济地理学家、中国科学院地理科学与资源研究所研究员陆大道在长期研究工业区位因素和工业交通布局规律的基础上，于1984年首倡点轴系统理论，强调沿长江经济带和沿海经济带是中国区域开发的重点轴，提出的"T"型空间开发模式被采纳进1987年试行的《全国国土总体规划》，对中国区域开发发挥了重要的理论指导作用。该理论的提出既考虑到了区域差距扩大带来的地区利益冲突，同时也着眼于中国的地理基础和经济发展实情。点轴系统理论具有深厚的理论依据，其学理渊源可归纳为以下4个方面。

（一）克里斯塔勒的中心地理论

点轴系统理论建立在德国经济地理学家瓦尔特·克里斯塔勒的中心地理论基础之上。他在《德国南部的中心地》一书中阐述了中心地理论的逻辑结构和理论框架，其核心是论述如何在一定区域内构建空间结构合理的城市等级体系，实质上是关于城市等级规模的学说。

中心地理论关于空间集聚和空间扩散规律的思想有机地嵌入点轴系统理论之中，成为该理论的主要基石。

（二）佩鲁的增长极理论

增长极概念最早由法国经济学家弗朗索瓦·佩鲁于1950年提出，起初它是用来描述关键产业对相关产业的联系效应、乘数效应等经济关联。布代维尔等将增长极概念赋予空间内涵后，增长极理论逐渐演变为一种区域经济不平衡发展理论，佩鲁认为"经济增长并不是同时在任何地方出现，它以不同强度首先出现在增长点或增长极上，然后通过不同的渠道向外扩散，并对整个经济产

生不同的终极影响"。陆大道吸收了"增长极"作为区域发展极点的观点，并成功地将其转换为点轴系统理论的重要骨架——"点"（各级中心城市）。增长极理论是点轴系统理论"点"的思想源泉。

（三）松巴特的生长轴理论

波兰学者沃纳·松巴特倡导的生长轴理论是点轴系统理论中"轴"论的理论渊源。生长轴理论认为，随着重要交通经济带的建立，连接各主要中心城市的交通干线周围将形成有利的区位，聚集经济将发挥作用，生产成本随之下降。点轴理论十分重视"轴"的作用和功能，陆大道在解释社会经济客体空间相互作用时，生长轴理论的"轴"线的思想贯穿其中，并进一步将其演化为"发展轴"。

（四）赫格斯特兰的空间扩散理论

瑞典学者赫格斯特兰在20世纪50年代基于关于事物空间扩散的研究首倡空间扩散理论，该理论是空间结构理论的重要基础之一。所谓抽象的空间扩散或"纯"扩散，是将具体的空间事物抽象掉而得出的扩散效用。赫格斯特兰在研究某新事物在空间的扩散时做了如下假设。其一，平原地区范围内人口均匀分布。在实际观测统计时，可将平原分成方格状。其二，新事物位于平原的中心。他提出"扩散通道"概念，扩散通道实际上标明了空间扩散的方向，是"点—轴"渐进式扩散的重要理论依据。

点轴系统理论与中心地理论、增长极理论、生长轴理论、空间扩散理论等虽有极强的渊源，但相比较而言，它更贴近实际空间，可操作性更强，是陆大道综合各种理论精髓的结晶。

第二节 消费者行为理论

国外的研究者对消费行为的界定各有不同，综合来看，比较有代表性的有以下几个。

①消费者行为是对个人或者群体选择、购买、使用或处置产品、服务、思想或经验以满足自身愿望与需求这一过程的研究。

②消费者行为是"感情和认知、行为，以及人们与他们的生活进行交流的一种能动的交互作用"。

③消费行为则指消费者在消费心理的支配下，对商品、服务等消费对象加以选择、评价、购买和使用的一系列行为活动。

人们对于消费者行为的关注由来已久。我国儒家学派的代表人物荀子提出生产要"养人之欲，给人以求"，强调满足人们消费需要的重要性。古希腊哲学家亚里士多德观察到人们各种形式的"闲暇"消费行为，并论述了其对个体和社会产生的影响。尽管如此，关于消费者行为的专门研究，则始于19世纪末20世纪初出版的《有闲阶级论》一书中，该书作者凡勃伦提出了炫耀性消费及其社会含义。而消费者行为作为一门独立的学科，仅仅有半个多世纪的历史。消费者行为理论又称为效用理论，其主要研究方向是为最大程度地满足需求，消费者如何在商品和劳务之间分配收入。该理论涉及三个方面的内容，即消费者的决策过程、影响消费者行为的个体与心理因素、影响消费者行为的环境因素。消费者的决策过程包括五个阶段，即问题认识、信息搜集、评价与选择、购买、购后行为。影响其行为的个体与心理因素包括生活方式、个性、记忆、知觉、自我概念、态度、学习、动机、资源等。这些因素不仅放大、抑制了外部环境与营销刺激的影响，还在一定程度上决定着消费者的决策行为。影响消费者行为的环境因素包括家庭、社会群体、社会阶层、文化、情境、消费者保护等。关于旅游消费者行为的内容主要有以下几点。

①旅游者是消费者的一种类型，旅游者行为的研究对象是流动着的或者有流动意向的旅游者个体或群体。旅游者行为是一个集合的名称，它包括出发前的决策、旅途中的体验、旅程后的行为趋向和评价等内容。

②旅游决策是人们从产生旅游动机到开展旅游行为之间的过渡环节，通过收集和加工相关的旅游信息，制定符合自身旅游目的的方案或计划，并付诸实施的过程。

③旅游体验是指旅游者通过与外部世界取得联系，调整自身心理结构的过程，是借助于活动方式实现的一个时序过程，如消费、模仿、交往、观赏等。旅游者结束旅程返回惯常环境之后，一般会在一定时段内对自己的旅游经历进行总结，对旅游体验的质量进行评价，并最终回归正常生活中的角色。

④旅游者满意度是衡量旅游体验质量的重要指标，通常用旅游体验与其旅游期望之间的对比关系来测量旅游者的满意度。当旅游体验大于或等于旅游期望时，旅游者都会获得满足感；当旅游体验小于旅游期望时，旅游者就会感到失望受挫。

⑤在消费者行为理论的指导下，乡村旅游规划的过程中可以针对当前旅游者的消费特点和未来消费趋势设计出适销对路的乡村旅游产品和线路，满足旅游者的心理需求。同时，也可以针对市场心理特征，设计出引导乡村旅游者消费心理的营销策略，实现乡村旅游目的地的成功推广。

第三节 旅游人类学理论

一、旅游人类学理论概述

旅游人类学理论既是旅游学寻求更为广泛的学科支持的结果，又是人类学在旅游学领域中的深度拓展。作为一门交叉学科，其主要研究对象包括旅游地团体，如交通运输部门、旅游定点饭店、旅行社、旅游者和当地居民，以及投资个人或集体的旅游开发者。在旅游开发过程中，会引起临时互动关系，如文化的相互调适、经济的相互影响等，表现为目标群体之间经济利益的冲突与平衡及文化内质的碰撞与整合。

（一）从经济层面考察

①旅游团体为旅游者提供服务，如交通、住宿、饮食等，保证旅游者圆满完成活动。

②购物活动是连接旅游地居民和旅游者之间关系的桥梁，当地居民是特色旅游商品的生产者，因此当旅游者需要购买商品时建立了一种供求关系。

③旅游开发者主要为旅游者提供相关活动场所、服务设施等，其主要任务是满足旅游者的娱乐需求。

三者间存在着经济关系形态，即合作、依赖、交换等。主要表现在当地居民在其活动空间的让渡上，旅游开发者将当地居民一部分生活空间改造成旅游活动的公共空间。旅游业带来的就业机会和经济获益机会，使之形成了一种相互依赖的经济关系，不仅使当地居民进入到旅游服务行业之中，还改变了其原有的传统生计方式，转而进入旅游服务行业之中。旅游开发者与旅游地团体间是一种互惠共生的经济合作关系，旅游开发者在旅游活动过程中，有着不同的职能角色，如图 3-1 所示。

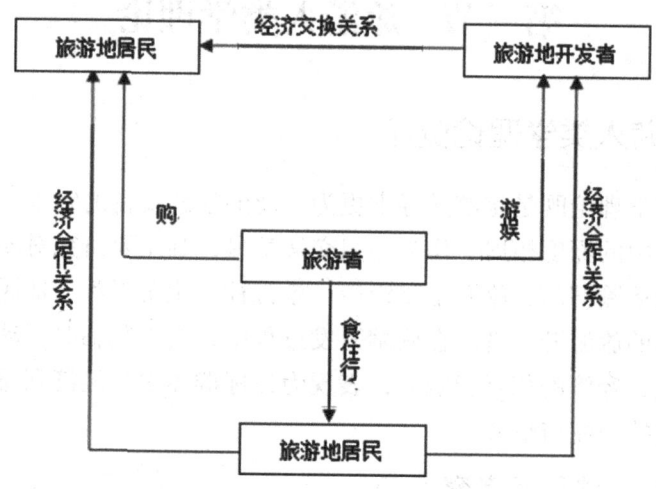

图 3-1 目标群体之间的经济互动关系

(二) 从文化层面考察

旅游者对异质文化的求索和猎奇心理是其出游的一个重要心理动机。当具有不同文化背景的人群聚集在一起时，不可避免地会因各个地方的文化差异产生不必要的冲突。因此，必须充分利用文化的适应性特点，在特定的情形下改变人们的文化观念。

当地的居民与世界各地到访的旅游者在习惯、语言、生活方式等多个方面存在着不同的文化色彩，当双方因旅游活动产生互动时，所形成的互动关系的外在表现主要体现在文化冲突、文化认同、文化整合三个方面。在一般情况下，当地居民对旅游者的态度与这种互动关系形成一个映射，如图 3-2 所示。本位文化"各美其美"的高度是当地居民与旅游者产生文化冲突的关键，到文化认同阶段，双方已经能够"美人之美"，而文化的整合则达到了"美美与共"的和谐境界。

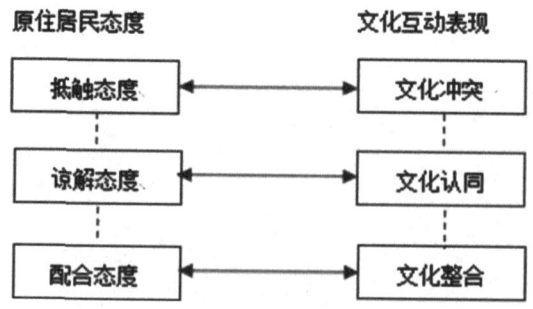

图 3-2 旅游者与旅游地居民之间的文化互动关系

旅游人类学研究与其他旅游交叉学科相比，其更多地体现出对旅游活动中人的终极关怀，在协调不同目标群体之间的利益关系方面具有重要的指导作用。其独特的田野工作研究方法对于乡村旅游规划者具有重大意义，它倡导研究者应全身心地投入到实践的田野中去观察访谈，并对观察结果进行民族志记录以获取关于研究对象的第一手资料。

田野工作法的具体阶段流程可分为如下7个部分。

①初入旅游目的地。初到旅游目的地，旅游者与当地居民双方都会感到好奇并感觉有些不适应。

②文化抵触期。进入文化抵触期后，双方文化的差异所形成的壁垒通常会使研究者的调查工作无从下手。

③文化适应期。在文化适应期里，经过一段时间的磨合，双方的隔阂与冲突将趋于缓和，并逐步转化为相互之间的认同，此时研究者可以开始潜心观察并记录当地的旅游事项。

④中断阶段。研究者得到一定的信息和图文资料后，有必要暂时中断田野工作，离开旅游目的地，对前期的工作成果进行认真总结。

⑤集中精力系统调研阶段。当研究者重返旅游目的地时，旅游地居民对他们的信任会进一步加深，这是集中精力进行深入细致调研的阶段。

⑥第二次中断。当事先预定的任务完成后，研究者需再次中断观察访谈，回去对所掌握的资料进行全面系统的分析整理。

⑦收尾阶段。在收尾阶段，除了补充一些遗漏的材料外，还需向旅游地居民表示感谢。

二、旅游人类学理论研究

人类学是一门研究人的学问，其涵盖范围极为广泛，囊括了几乎一切人类的生活、行为、思想、意义、社会结构等与人相关的内容与主题，同时，人类学有自身独特的表述方式——文化。人类学中一切关联于人的研究主题，最终都会以文化的术语和方式表达出来，以此区别于诸如社会学、历史学等其他人文学科。

之所以将人类学的理论观点与方法引入对旅游的研究与探索中，原因在于：旅游活动所带来的影响与人类学的研究旨趣具有明显的契合性；旅游发展至今已经成为一种全球性的跨文化活动，它给卷入其中的人与社会带来了显著影响，使得旅游者社会与目的地社会之间深入接触，并由此引发广泛的文化接触，而旅游行为中跨文化与文化互动的特质，以及由此而引起的文化变迁，正是人类学的学科关注点与擅长之处。人类学家鲁尼斯就曾指出，人类学者研究不同文化的接触，以及由此而带来的影响已经大半个世纪了，而这种知识恰好可以运用于旅游者和主人社会的接触中。

此外，人类学对旅游的研究与其他学科的研究不同。一般来说，其他学科对旅游的研究是尽量客观地去描述与比较旅游中的各种现象，并且识别出它的原因和结果。而人类学不仅仅做这些，其还会以人类学的学科眼光来理解旅游，这便意味着，在旅游出现与进展的整个过程与情境中来研究和分析旅游，这就需要更为深入地去理解旅游者的体验、理解卷入旅游中的相关人群或中介所扮演的角色与影响、旅游过程中发生的文化接触与互动及随之带来的变迁与影响、旅游活动的性质等。

总而言之，将人类学的理念与方法作为研究旅游的支撑与后台，将会对旅游做出如下开创性研究。

①以比较性研究作为特色，在不同的目的地社会，针对不同的旅游者人群，研究不同的旅游现象，以归纳出旅游的普遍特征。

②以一种整体性、全观性的方法，考虑社会、经济、文化的因素以及三者之间的联系与互动。

③能对旅游做出更为深入与深层次的分析。如它不单单关注旅游中主人与客人的文化接触，还关注卷入旅游中的各种元素，包括商业、朝圣、移民、供应商、交通等问题；它不仅仅分析客人社会所能提供的旅游者类型差异，也关注主人社会的特点，因为它直接限制了旅游者来此旅游的方式等。

第四节　景观生态学理论

景观生态的概念最早是由德国生物地理学家特罗尔于1939年在以航空照片来研究东非土地利用问题时所提出来的。景观生态学，述说起来是一种综合性学科，研究景观单元的类型组成、空间格局及其与生态学过程相互作用的综合性学科。景观生态学的研究对象和内容主要分为三个基本方面，即景观结构、景观功能，以及景观动态，如下所示。

①景观结构，即景观组成单元的类型、多样性及其空间关系。

②景观功能，即景观结构与生态学过程的相互作用，或景观结构单元之间的相互作用。

③景观动态，即指景观在结构和功能方面随时间推移发生的变化。

景观的结构、功能和动态三者之间的关系是相互依赖、相互作用的，一方面，景观结构决定着功能；另一方面，结构的形成和发展在一定程度上会受到功能的影响。在针对景观生态学进行的研究中，要注重生态景观的形成和演变，以及生态景观的格局与过程等基本问题。要重视视觉景观的重要作用：首先，视觉景观是人类在对于环境感知过程中的重要组成部分；其次，视觉景观是景观功能和价值的一种有机组成部分，也就是人类可以直接利用的资源，即富有生机、和谐，以及优美或者奇特的景观。

斑块、廊道和基质是景观生态学用来解释景观结构的基本模式，普遍运用于各种类型的景观，包括荒漠、森林、农业、草原、郊区和建成区景观，景观中任意一点或是落在某一斑块内，或是落在廊道内或是落在作为背景的基质内。这一模式为比较和判别景观结构、分析结构与功能的关系和改变景观提供了一种通俗、简明和可操作的语言。

斑块是外貌或性质上与周围地区有所不同的非线性地表区域，其形状、大小、类型、异质性及其边界特征变化较大。廊道是两边均与本底有显著区别的狭带状地。基质是景观分布最广、连续性最大的相对同质的背景结构，在很大程度上决定着景观的性质，对景观的动态起着主导作用。三者构成了景观生态学的形式基础，并且互相联系和影响。

乡村旅游目的地的景观是由形状、功能存在差异且相互作用的斑块、廊道和基质等景观要素构成的具有高度空间异质性的区域。通过景观生态学的理论研究，能够更好地发挥其生态功能。

第五节 可持续发展理论

一、可持续发展理论概述

可持续发展观念的形成源于对当代许多不可持续发展状态的反思，其宗旨则是通过人与自然、人与人的和谐为当代和未来的人口谋福利。这意味着，人类社会必须在思想上形成"只有一个地球、人与自然平衡、平等发展权利、共建共享、区域间互利互补"等意识，承认世界各地发展的多样性，以体现高效和谐、循环再生、协调有序、运行平稳的良性状态。因此，可持续发展被明确地表述为一种"正向的、有益的"过程，并强调发展的不可逆性、广泛性以及关联到"自然—社会—经济"的复合性。

迄今为止，最具权威性的可持续发展的概念是由挪威前首相布伦特兰夫人提出的。1987年,在由她担任主席的联合国世界环境与发展委员会的一份题为《我们共同的未来》的研究报告中指出,可持续发展是指既满足当代人的需求,又不对后代人满足自身需求的能力产生威胁的发展。该概念主要强调了两个方面的内容:首先,可持续发展的目的还是要满足人的各种需求,这些需求应放在第一位来加以考虑;其次,可持续发展不能以破坏后代人满足自身需求的能力为代价,要切实做到实现代际平衡。1992年,联合国在巴西里约热内卢召开的环境与发展大会上通过了以可持续发展为核心的《里约环境与发展宣言》《21世纪议程》等文件。随后,中国政府发布了《中国21世纪人口、资源、环境与发展白皮书》,首次将可持续发展战略纳入我国经济和社会发展的长远规划。《全国资源型城市可持续发展规划(2013—2020年)》,这些文件的发布,显示出了我国对可持续发展的重视。

可持续发展观是着眼于对资源"永续利用"的长远利益,因而很快为人们所接受,并成为对旅游发展进行重新评价的中心议题,"可持续旅游发展"一词也由此而生,其内涵是在保持和增强未来发展机会的同时满足目前游客和旅游地居民的需要。1990年,在加拿大温哥华举行的全球可持续发展大会旅游组行动筹划委员会会议上提出了可持续旅游发展的行动战略草案,明确指出其五大目标,如下所示。

一是增进人们对旅游带来的经济效应和环境效应的理解。

二是促进旅游的公平发展。

三是改善旅游接待地居民的生活质量。

四是为旅游者提供高质量的旅游经历。

五是保护未来旅游开发赖以存在的环境质量。

此草案提出的行动战略成为政府、旅游部门、非政府机构和旅游者必须遵循的指南和旅游活动贯彻可持续发展思想的行动纲领。1995年,在西班牙加那利群岛的兰沙特岛召开的可持续发展世界会议,又通过了《可持续旅游发展宪章》和《可持续旅游发展行动计划》。该宪章指出,旅游作为一种强有力的发展形式,能够并应该积极参与可持续发展战略。这个战略性纲领文件为在技术介入、资金介入和现代生活方式介入条件下的新型大众旅游发展指明了方向,提供了对旅游活动进行全面管理的指导性方法,揭开了可持续旅游发展的新篇章。

可持续发展理论强调保持人类享受利用资源的公平性,严格控制急功近利、重开发轻保护,甚至只开发不保护的现象,它为乡村旅游规划提供了一种全新的理念,即阶段性开发理念。乡村旅游规划与开发要具备一定的弹性为未来进一步开发与建设提供空间，实施阶段性和局部性开发，注重经济效益、社会效益和生态效益的结合。

二、乡村旅游可持续发展的运行机制

经过近二十多年的发展，如何促进乡村旅游的可持续发展，已成为理论上和实践中亟待研究的重要课题。许多学者对这一课题进行了有益探索，但对乡村旅游可持续发展问题缺乏全面和系统的研究。乡村旅游运行体系的复杂特性决定了对乡村旅游可持续发展问题研究有必要运用系统的视角。这里试图基于系统科学理论，从乡村旅游可持续发展的运行结构、运行环境和运行机制等方面对乡村旅游的可持续发展进行研究。

（一）推—拉运行机制

旅游动机方面的推—拉理论来源于驱力理论和期待价值理论。20世纪50年代，托尔曼将上述两个理论结合起来，认为行为动机可分为内在动机和外在动机。内在动机包含以驱力为基础的情感（推的）因素，外在动机包含对外部刺激目标的认知（拉的）因素。

乡村旅游的发展是一个复杂的过程。在乡村旅游的发展中，影响乡村旅游发展的动力因素包括内部因素和外部因素，主要包括区位条件、旅游资源条件、旅游环境质量、旅游环境容量、当地居民的态度、旅游产品、旅游规划、市场营销策略、形象定位、后续开发能力、旅游地的交通条件、同类旅游地的竞争、社会经济条件、旅游者偏好的改变、政府政策因素、旅游地外部投资力度等，在动态的发展过程中受到这些动力因素的影响，共同构成促进乡村旅游发展的推动力。

乡村旅游能否得到发展，可以发展到哪种程度都是由上述这些动力因素的合力所决定的。当促进乡村旅游发展的推动力超过阻碍乡村旅游发展的阻力时，乡村旅游处于增长的状态；当促进乡村旅游发展的推动力等于乡村旅游发展的阻力时，乡村旅游处于停滞的状态；当乡村旅游发展的推动力小于乡村旅游发展的阻力时，乡村旅游处于衰退的状态。

（二）组织传导运行机制

组织传导运行机制是指在乡村旅游发展系统内的各种动力要素，通过组织交叉与协同交叉的方式形成推动乡村旅游发展的合力。在乡村旅游发展系统中，各种动力要素通过组织交叉与协同交叉的方式相互作用和影响，由此产生对乡村旅游发展的动力和阻力。当影响乡村旅游发展的内部因素和外部因素得到协调和控制时，各影响因素通过组织交叉和协同交叉，共同形成推动乡村可持续发展的动力。当影响乡村旅游发展的内部因素和外部因素不能得到协调和控制，各影响因素在组织交叉和协同交叉的传导输送过程中，由于外界环境或人为等原因影响，导致部分要素之间互相竞争抵消，使推动乡村可持续发展动力减弱，甚至成为乡村可持续发展的阻力。

（三）一体化协作运行机制

乡村旅游发展系统一体化是指在乡村旅游发展系统的发展过程中，系统内部各要素之间以及系统与外界环境之间形成强大和有效的网络联系，共同推进乡村旅游发展系统的运行和发展。乡村旅游发展系统一体化协作运行主要通过构建嵌入的、授权的、内生性的社会网络的方式来实现。乡村旅游发展系统一体化协作运行的社会网络既具有开放性特征，又具有封闭性特征。开放性是指乡村旅游发展系统一体化协作运行的社会网络生存于一个更大的社会网络中，接受来自更大的社会网络的信息和力量，激发乡村旅游发展系统一体化协作运行社会网络的活力，封闭性是指乡村旅游发展系统一体化协作运行的社会网络为了实现更大的效率，必须保持相对的闭合状态。

在许多乡村地区，乡村旅游的经营主体主要是一些家族企业，这些家族企业存在经济资本有限，管理经验匮乏和服务水平落后等问题，难以取得很好的经济效益和社会效益，这就要求建构乡村旅游发展系统一体化协作运行机制和模式，建立相关的利益主体网络联系。乡村旅游一体化运行机制和模式实质是乡村旅游发展中如政府、企业乡村社区居民、旅游者等利益相关者为了取得自身的利益，通过建立相关的利益主体网络联系的方式形成合力，共同推动乡村旅游的发展。

在乡村旅游发展系统一体化协作运行的社会网络结构中，各利益相关者都是平等的主体，形成一个以市场、政府和公民自治参与的多中心治理机制，目的在于协调企业、政府和公民等利益相关者在社会发展中的各自利益诉求，既克服企业、政府和公民等利益相关者在社会发展中的缺陷，又充分发挥企业、政府和公民等利益相关者在社会发展中的积极作用，从而实现社会的可持续发展。企业、政府和公民等利益相关者共同参与投资战略，创造强大发展势头。企业、政府和公民等利益相关者拥有和分享资源，致力于共同利益基础上的合作行为，通过相互协作共同开发资源。

第六节 旅游地生命周期理论

一、巴特勒生命周期模型理论

旅游经济发展可以带动地区经济的发展，而旅游地本身的发展又受制于客观生命周期。很多学者的大量研究实践和旅游地的开发规划实践都对旅游地的生命周期的本质进行了深刻的揭示，认为旅游地的生命周期是一种客观现象，旅游地的生命周期的本质就是旅游地的旅游产品的生命周期。打破旅游地生命周期的"宿命"，一方面必须做大做强主导旅游产品，另一方面必须对主导旅游产品更新换代。旅游地生命周期理论可以为我们研究乡村旅游的可持续发展提供理论分析框架。

"生命周期"一词最早出现在生物学领域中，用以描述某种生物从出现到灭亡的演化过程。正如生命有机体依自然规律的新陈代谢一样，旅游地的发展也受到客观生命周期的局限。旅游地生命周期理论最早可以追溯到20世纪30年代末吉尔伯特对英格兰内陆与海滨疗养胜地成长的研究。而克里斯·塔勒对一些欧洲旅游地发展历程的研究，真正引发了西方学者对旅游地生命周期问题的广泛关注，即旅游地发现、成长、衰落的演进过程。其后的大量实例研究也表明，旅游地基本上都有一个由起步经盛而衰的过程。目前国内外学者一致公认的经典旅游地生命周期理论是由巴特勒提出的，他将旅游地生命周期分为探索、起步、发展、稳固、停滞、复兴或衰落六个阶段，并且引入了"S"形曲线来加以表述。

①探索阶段。这一阶段还未建成具有特色的设施，游客十分稀少，旅游并没有对其自然和社会环境产生影响。

②起步阶段。本地居民能够为旅游者提高一些简陋的膳宿设施，游客人数逐渐增多，旅游地的设施和交通得到一定改善。

③发展阶段。现代化设施逐渐取代了简陋的膳宿设施，旅游广告不仅拓展了旅游市场，还引来了大量外来投资，旅游区的自然面貌发生了改变。

④稳固阶段。地方经济活动与旅游业紧密相连，旅游地功能分区明确，游客数量持续增加，逐渐引起了常住居民的不满。

⑤停滞阶段。人造设施代替了旅游地自然和文化的吸引力，市场量维持艰难，环境容量超载等问题无法得到解决。

⑥衰落、复兴阶段。当地房地产的转卖率猛然增高，游客和相关旅游设施

飞速减少，导致旅游地衰落。许多旅游地在衰落后采取开发新资源、增加人造景观等方式，使旅游地进入复兴阶段。

旅游地生命周期理论描述了旅游地各个发展阶段的特征，可以作为预测乡村旅游目的地客源市场规模和产品创新开发的工具，同时也为乡村旅游规划的调整提供了依据。

二、巴特勒生命周期模型理论研究综述

巴特勒提出的旅游地生命周期理论，引起很多学者对该理论的关注和研究。哈维伦对兰卡斯特县的旅游地生命周期进行研究，认为由于兰卡斯特县具有良好区位和多种旅游资源，使兰卡斯特县的旅游地的生命周期不符合巴特勒的生命周期模型理论，具有较强的生命力。如何使停滞阶段的旅游地不至于衰落，而呈现复苏的可能性？大卡代克认为可以通过开拓新的目标市场使旅游地呈现复苏的状态。有学者建议通过改变旅游产品的形式使旅游地呈现复苏的状态。斯旺里克认为通过在不同阶段应开发不同的旅游产品使旅游地呈现复苏的状态。迈耶·阿伦特运用巴特勒的旅游地生命周期理论分析格兰德克斯勒旅游地生命周期，认为格兰德克斯勒旅游地的居住模式、自然和人文环境以及思想观念影响着旅游地生命周期每一阶段的发展。有人认为影响旅游地生命周期的因素包括竞争公司、竞争策略、旅游地可进入性、政府决策等，这些因素影响旅游地的发展程度。库珀和杰克逊以伊斯勒曼为例，认为旅游地生命周期为分析旅游地发展提供了非常好的理论分析工具，同时认为旅游地经营者决策和旅游地环境因素影响着旅游地的生命周期。德贝奇以天堂岛为例研究巴特勒的生命周期理论，认为旅游市场主要经营者的决策极大地影响旅游地的生命周期。盖茨以尼亚加拉瀑布为例研究旅游地生命周期概念与旅游规划的潜在关系，认为尼亚加拉瀑布案例所反映出来的生命周期同巴特勒生命周期理论有不同之处。贝内代托和博贾纳研究政策因素和环境因素对赛普里斯花园生命周期的影响，认为政策因素和环境因素对旅游地有复苏效应。海伍德认为旅游地发展受旅游地竞争旅客的能力，新旅游地开发的出现，旅游替代品、环境保护主义者的异议，交通商、旅行社、旅业老板的作用，游客的需求、观念、期待和对价格的敏感性，政府机构、立法机构等七个方面的影响，对旅游地的经营和规划功能持怀疑态度。库珀综述评价了旅游地生命周期理论，认为旅游地生命周期理论的应用可分为三个主要方面，如下所述。

一是解释模型，生命周期理论是一个合适的解释旅游地发展的模型。

二是规划指导,生命周期理论为管理者提供旅游地发展的战略指导思想和旅游地不同阶段发展的不同影响因素。

三是预测工具,生命周期理论为旅游地发展提供预测工具。

综上所述,国外学者运用具体的案例研究巴特勒的生命周期理论,都认可旅游地的发展存在着生命周期。国外学者在研究中将生命周期理论作为一种研究工具,认为巴特勒的生命周期理论是有效率的和实用的。国内对巴特勒的生命周期理论的研究起步较晚,在大量的具体案例研究中,巴特勒的生命周期理论并未得到充分利用,或者根本未将巴特勒的生命周期理论作为一个理论分析工具加以运用,大量的具体案例研究都缺乏有效的理论支撑。张文在《对旅游区生命周期问题的看法》中最早讨论旅游区的生命周期问题。保继刚等在教材《旅游地理学》中首次向国内介绍巴特勒的生命周期理论,并将巴特勒的生命周期理论运用于广东丹霞山开发。谢彦君从需求、效应和环境等三个方面分析旅游地生命周期的控制和调整途径。保继刚对喀斯特洞穴旅游生命周期特点进行研究,同时还研究主题公园的生命周期特征。杨森林发表的《"旅游产品生命周期论"质疑》引发了余书炜、李舟和许春晓等对生命周期理论进行的讨论。陆林对黄山、九华山的旅游地生命周期进行研究,认为黄山、九华山正处于发展阶段,已经历旅游地生命周期的探查阶段和参与阶段。

三、巴特勒旅游地生命周期模型理论评价

(一)巴特勒旅游地生命周期模型理论的主要作用

旅游业对社会经济文化发展有着巨大的作用,巴特勒生命周期模型理论对旅游地的发展趋势和生命周期做出了合理的解释。根据学者的研究结论,巴特勒的旅游地生命周期模型理论对于旅游业发展和研究的主要作用包括如下几点。

一是决策指导,在旅游地发展的不同阶段,旅游地发展的市场应对策略是不同的,可以运用巴特勒的旅游地生命周期模型理论分析旅游地所处的发展阶段,探析旅游地所处发展阶段的主要限制因素,评估旅游地的发展态势,并提出具有有效性的市场决策。如在旅游地的停滞阶段和衰落阶段,可以采取增加人造景观的途径,也可以开发尚未开发的自然旅游资源,重新启动市场,使旅游地取得进一步发展。

二是预测工具,运用巴特勒的旅游地生命周期模型理论,以不同阶段的旅游者类型、投资规模、市场演变、接待设施能力、游客量数据等作为支撑,可

以对旅游地未来的发展趋势做出预测。

三是描述工具，运用巴特勒旅游地生命周期模型理论作为预测工具，作为发展分析和市场演化的描述工具，巴特勒旅游地生命周期模型理论的"S"曲线发展模型可以用于检测特定旅游地的演进过程。

（二）巴特勒旅游地生命周期理论的缺陷性

巴特勒旅游地生命周期理论为我们研究旅游地的发展趋势提供了一个理论分析框架，但是运用同一理论模型研究不同的旅游产品和旅游地，显然存在一定的缺陷性。因为不同的旅游产品和旅游地有着独特性，影响其发展的因素是不同的，比如，主题公园类型的旅游地不会经历巴特勒旅游地生命周期理论所描述的探查、参与和巩固三阶段，直接到达生命周期的顶峰，然后慢慢进入衰落阶段。所以，在特定旅游地的发展研究中，要针对不同旅游产品和旅游地的特点运用巴特勒旅游地生命周期理论。

四、巴特勒生命周期模型理论对本研究的意义

自巴特勒生命周期模型理论提出以来，国外学者对此进行了广泛和深入的研究。可以说，巴特勒生命周期模型理论为实际旅游规划、旅游地发展研究等方面提供了一个有效的理论分析工具。我国学者对巴特勒生命周期模型理论研究时间很短，对于该理论的理解和认识并不深刻，巴特勒生命周期模型理论的应用研究更少。在巴特勒生命周期模型理论运用中，没有充分发挥其预测功能和解释功能，更少发挥其对市场营销和旅游规划的指导作用。本研究运用巴特勒生命周期模型理论的意义在于以下几个方面。

一是拓展旅游地生命周期理论的研究空间。旅游地生命周期理论对于研究、指导旅游地发展的意义是显而易见的，但在乡村旅游可持续发展研究中鲜有运用。所以，运用旅游地生命周期理论研究乡村旅游可持续发展，可以拓展旅游地生命周期理论的研究空间。

二是对乡村旅游可持续发展的指导意义。旅游地生命周期理论的提出是与旅游发展实践密不可分的，所以，研究乡村旅游地生命周期的演变规律，可以有利于调整乡村旅游地的规划，有利于制定乡村旅游地的营销策略，有利于乡村旅游地的深度开发和保护，从而促进乡村旅游的可持续发展。

第四章　当代乡村旅游的经营管理

乡村旅游的蓬勃发展，给乡村旅游经营者带来了巨大的机遇和挑战，如何经营和管理好这项充满无限生机的事业，是本章的讨论重点。本章阐述了乡村旅游经营管理的概念、特点、经营主体、经营模式、经营策略等内容，并对开办乡村旅游的相关手续做了简要介绍。

第一节　乡村旅游经营管理概述

一、乡村旅游经营管理的概念

乡村旅游经营管理是为了实现所期望的经营目标，以市场需求为导向，以都市人群为目标对象，对乡村旅游资源进行开发和对旅游经济活动进行经营、管理、维护和监督等活动的总称。

二、乡村旅游经营管理的特点

（一）乡村意象是乡村旅游经营管理的前提

乡村旅游的本质特征是乡村性，挖掘乡村特色、展现浓郁的乡村意象是绿色开发的基本内容，也是乡村旅游经营管理的终极目标，必须坚持"保护性开发"战略，营造原汁原味的乡村意象，确保乡村旅游经营可持续发展。

（二）以农为本，把农业生产置于首要地位

乡村旅游是农业与旅游业的结合，其本质特征要求必须确保农业生产的首要地位，才能强化资源的特色，才能对城市居民形成永续的吸引力。千万不可本末倒置，抛弃乡村自身特色，追求城镇化，大搞城镇建设，反而失掉了乡村的魅力。

（三）具有明显的季节性

受制于农时节令，农业生产呈现明显的季节特征，依托于农业生产的乡村旅游也不例外。旺季人潮汹涌、淡季门可罗雀的现象时有发生，如何做到旺季平稳顺畅、淡季不淡是当前乡村旅游经营管理亟须破解的难题。

（四）服务需求和旅游需求的个性化与差异化

乡村旅游的目标群体以城市居民为主，随着居民收入水平的提高，旅游需求日益多元化和个性化，在乡村旅游上体现为，有人喜欢清新简约的精品民宿，有人喜欢热闹宽敞的大通铺；有人喜欢带老人到乡村找寻逝去的乡愁，有人喜欢亲子活动。乡村旅游经营要针对不同类型、不同层次的游客提供相应的服务与产品，甚至是私人订制。

（五）没有形成规模经营，品牌意识不足

由于缺乏统一规划和科学指导，乡村旅游项目没有得到很好的协调、配合，经营产品和服务雷同。同时，我国乡村旅游多以农户自主经营为主，资金投入少，项目分散，内容单一，还未形成规模化经营，品牌意识不够，也没有形成完善的旅游产业体系，未对当地农业经济结构进行深刻调整。

（六）乡村旅游经营管理遭遇人才瓶颈

人才是旅游可持续发展的根本保障。乡村旅游从业人员多为当地居民，长期以来都比较重视农业生产，将乡村资源加以挖掘、整合与利用进行旅游开发的意识还比较淡薄，特别是当旅游开发涉及土地征用或土地流转时，部分农户存在着抵触情绪，阻碍了乡村旅游的发展。另外，从业人员没有接受过正规的专业培训，管理经验不足，文化水平和专业素质也亟须提升，因此建设一支高效、专业的旅游人才队伍是乡村旅游经营管理的可靠保障。

三、乡村旅游经营管理主体

随着城市化进程的加快、消费需求的升级以及社会主义新农村建设的持续推进，我国乡村旅游得到了快速发展，但是依然存在水平参差不齐、质量良莠参半的情况。乡村旅游发展的不同水平和质量除了受历史条件、自然资源、经济水平、市场条件等因素限制外，经营主体的经营水平也是关键因素。乡村旅游的经营主体主要包括农民、村集体、政府和企业四大类型，他们在乡村旅游的经营活动中发挥着不同的作用。

（一）农民

农民是乡村旅游开发经营的重要参与者，也是乡村旅游业得以发展的重要人力资源。农民参与乡村旅游业的主要目的是通过参与旅游利益分配和旅游管理决策，追求经济利益和社会需求的双重满足。一方面，农民通过作为旅游企业的员工、"农家乐"经营者及其他旅游项目的参与者等方式获取经济利益；另一方面，农民随着乡村旅游深入而全面发展，通过参与旅游资源保护、旅游决策与监督，影响乡村旅游的发展。因此，农民往往扮演着乡村旅游的经营者、管理者以及接待地居民等角色。世界各国乡村旅游的经营者中，大多数为以家庭个体农户为主的小规模经营。但在拥有大量资本的外来企业加入竞争时，家庭个体农户经营容易受到较大冲击。有学者认为，如果乡村旅游开发以外资为主，农民只是"关联"，不参与经营，则乡村旅游开发并没有为当地经济发展做出应有的贡献，可以看出农民在乡村旅游发展中的关键作用。因此，乡村旅游在开发中要激发农户参与的积极性，才能保证旅游产品的原汁原味。

（二）村集体

村集体是农户利益的代表者，同时，它的介入也有利于协调政府、旅游企业农户三者的矛盾，保证乡村旅游的健康可持续发展。无论是从事农业生产经营的农户，还是从事非农产业经营的农户，面对瞬息万变的市场需求以及激烈的市场竞争，单打独斗是难以长期生存的，必须在自愿的基础上，通过合作实现规模经营和集约经营，才能维护好和发展好自己的合法权益，真正成为乡村旅游产业发展的投资主体、经营主体和受益主体。

因此，村集体一方面是农户的组织者，通过契约的方式以旅游产品的销售、旅游服务的提供为连接纽带，把农户组织起来，为农户提供各种信息服务、技术服务，并对农户进行管理培训，提高旅游服务技能。另一方面还是乡村旅游可持续发展的保证者，要加强与农户、旅游企业及政府的联系，对三者的行为进行监督和调节，对三者的矛盾问题要及时发现并调节解决，同时要积极引进外来因素，对乡村旅游的可持续发展提出建议。比如，吸引返乡大学生或专家学者加入当地乡村旅游发展中来，为当地乡村旅游的发展献计献策等。

（三）政府

政府是乡村旅游发展的支持者和引导者。作为乡村旅游重要的经营管理主体，政府机构组成较为多元，纵向层面包括不同职能和层级的部门组织，从国家政府机构到省市县政府机构，横向层面包括环保、建设、林业、农业、海洋、国土、宗教、旅游等部门。政府机构在乡村旅游发展中的角色行为主要包括旅游政策、实践和工作框架的制定，总体规划制定、旅游管理体系和系列制度的建立以及对旅游企业、社区居民和旅游者的管理。在乡村旅游发展初期，政府要充分扮演支持者的角色，尤其是资金、基础设施、招商引资等方面的政策支持。随着乡村旅游市场机制的日益完善，政府还要扮演引导者的角色，保证乡村旅游的健康可持续发展。同时政府也要对其他参与主体实现有效的监督和引导，通过一系列的措施来规范其他参与主体的行为、加强对农户的培训和监督、提高参与者农户的旅游经营素质等。

（四）企业

伴随着乡村旅游的快速发展，越来越多的企业进入这一行业，国有企业、民营企业、社会个人和其他法人纷纷涌进农村地区从事乡村旅游，成为乡村旅游重要的经营主体之一。企业参与乡村旅游的目标是获得经济收益，在这一逐利过程中他们为乡村旅游社会文化环境系统注入新的资本、新的思路、新的物流、信息流、资金流、人流等，会在一定程度上提升乡村旅游发展的质量和效率。但是由于企业的逐利性，其会与农民产生竞争关系，包括产品价格、产品质量、产品成本、服务质量等方面的竞争，这会对农民的利益产生影响，因而在企业与农民之间也会需要村集体以及政府的统一协调。

旅游企业作为乡村旅游开发的主体，从景点的开发建设到景区的经营管理都是企业的职责。首先，在景区景点的开发上，企业的工作重点是提出有关项目的开发设想，落实景区的各项规划内容，推进乡村旅游项目的落地运营。其次，要加强景区景点的运营管理，做好游客的接待服务，提高景区工作员工的职业素质，加强对外联系，拓展营销渠道等。

四、乡村旅游经营管理模式

旅游是一个复杂的社会经济现象，旅游行为对旅游活动中的不同利益主体都会产生正面或负面的影响。因此，如果忽略经营主体之间的合作、协调，就可能造成利益主体的权利失衡和矛盾冲突。

不同的利益主体需要"对话、合作和协调"，走可持续发展道路，否则就会激化经营主体矛盾，减少旅游项目扶贫的经济和社会效益。随着各经营主体间的关系不断地萌芽、生长，形成了潜在新秩序并奠定了一定的利益格局。在不同经营主体间博弈的作用下产生了不同的经营模式，在这些经营模式下，乡村旅游各经营主体所处的结构性位置、博弈的条件与方式、采取策略的空间、所遵循的规则都不尽相同,其中隐含着不一样的制度安排和制度结构,并依时间序列表现出由非正式向正式逐渐过渡和发展的趋势。这些模式主要包括农民主导型、政府主导型、企业主导型和混合型。

(一)农民主导型

改革开放以来,随着统购派购制度的取消,农业自发寻找出路,由传统农业开始向现代农业转变。旅游业正式被纳入国民经济和社会发展计划,各地方开始探索农业旅游发展之路。在一些交通区位好、市场条件成熟的区域,部分农民开始利用自家的院落和田园从事旅游接待活动,于是出现了一批农家乐和农业观光园,农户对自己所拥有的资源进行自主经营和管理,承担经营风险,并享有经济收益,这是持续贯穿乡村旅游发展历程中的最典型模式。随着乡村旅游的发展,逐步出现了以农民为主导的多种乡村旅游经营模式,根据实际经营结构组织的不同,可细分为"农户+农户"、个体农庄、村集体三种农民主导的乡村旅游经营模式。

1. "农户+农户"模式

"农户+农户"模式,即农户自主经营乡村旅游项目,由发展成熟的农户传播经验并进行示范带动,引导帮扶其他农民经营,最后形成农户与农户间融合协作、共同发展的经营模式。这是乡村旅游初级阶段的典型经营模式,多适用于区位条件好、有山水景区资源依托、城镇客源市场成熟但乡村旅游尚处于起步发展阶段的区域,以满足游客食宿需求的农家乐为主要形式。在利益分配方面,该模式下的经营权与所有权集中于农户,农户自负盈亏,经营收入全部归农户所有,富民效果较为明显。

(1)"农户+农户"模式的优势

第一,能够保留乡村原真性,以当地村民为主要参与者,受外来文化的影响较小,最利于传承乡村文化的原生。

第二,进入门槛低,多以小规模的农家乐为主要形式,农户的资金投入和经营成本较少,开发经营难度低。

(2)"农户+农户"模式的不足

第一,缺少标准规范,农家乐大多由未经过旅游服务专业训练的农民经营,经营方式粗放,缺少食宿方面标准规范约束,产品品质和服务水平欠佳,而且卫生、消防等缺乏保障,存在一定隐患。

第二,产品更新换代慢,农民的素质和视野限制了乡村旅游产品创新,容易出现产品单一、初级、吸引力不足等问题,发展到后期会产生同质化竞争,使农户之间陷入"微利"困境。

第三，产业结构简单，自主群体经营旅游餐饮和住宿，结构和形态较为单一，产业经济效益不高，市场的竞争能力有限。

第四，个体营销难度大，受制于营销资金缺乏、营销方式落后、营销渠道较窄等问题，农户经营难以形成有影响力的品牌。此外融资困难也是农民主导的乡村旅游开发普遍存在的问题，一方面农民利用政府扶持资金的能力较弱，不了解资金申请的规定和政策，另一方面由于农户经营规模较小，专业融资机构很少介入，因此外来资金很少。

（3）"农户+农户"模式的发展关键

"农户+农户"模式的发展关键在于地方政府加大扶持引导力度，促进农户提升经营管理水平，实现规范化、高水平、抱团式发展。具体而言有以下几个关键。

第一，加强规范引导。各地方政府应贯彻落实乡村旅游相关的国家标准规范，出台地方实施细则，引导农户规范化经营，保障食品、消防等方面的安全，定期开展检查验收与评比评优工作，并对优秀示范户给予一定的奖励。以湖州市长兴县水口乡为例，政府在引导农户的规范化发展方面做了很多工作，比如，专门成立了农家乐休闲旅游发展小组，制定考评标准，引导农民利用自身资源发展农家乐休闲旅游，并制定了农家乐整治规范标准，使全乡农家乐，达到了八个统一，即价格标准统一、制度上墙统一、厨房卫生标准统一、污水排放处理统一、贮藏间物品摆放统一、主要设施配备统一、新办农家乐的标准统一、引导产业分工统一。政府需统筹规划，引导农民以农家乐为核心，进行二次产业分工，延伸上下游服务与加工产业，如床单被罩统一清洗企业、农产品加工企业、旅游商品分销企业等，壮大农家乐的经营产业链，形成产、供、销的产业化生产体系，提高整体效益。比如，福建的柿子村，政府在柿子种植、观光、加工包装、销售等方面引导农户，对农户的有序化和链条化经营起到了重要推动作用。

第二，提升经营水平。政府可搭建乡村旅游交流学习平台，邀请各类优秀示范农户推广运营管理经验，邀请各类"操盘高手"与专家顾问科学指导，同时要定期组织农民经营主体"走出去"，学习周边的成功案例，提升农民经营管理接待服务和产品创新的水平。湖州市长兴县水口乡就建立了卫生管理、旅游服务接待、经营规范等方面的长效培训机制，帮助农户尽快适应从农业生产者到旅游工作者的角色转换，共举行各类培训、参观、考察13批次，参加人数共计1150人次，同时还邀请日本等乡村旅游发展先进地区的专家来传授经验强化宣传营销。政府应整合资源为农民搭建抱团式营销宣传平台，鼓励指导农民应用微博、微信、电视节目等宣传媒体，并配套wi-fi网络、电子支付结算系统等相关设施，推进乡村旅游多渠道营销。例如，獐子岛与央视7套联合播出了当地乡村旅游专题节目，把獐子岛渔业产品从养殖、生产、加工以及农民如何参与进行了整体宣传打造，为獐子岛农户经营的渔家乐做了很有影响力的广告。

第三，扩大融资渠道。一方面可以由农民自发，政府协调，组织家庭或有共同诉求的个体经营户进行集资，明确利益分配模式；另一方面农民可以在政府的引导下，积极申请国家在农业补贴以及乡村扶贫方面的资金，实现更大的发展。

2. 个体农庄模式

个体农庄模式是在传统农家乐的基础上升级壮大后形成的农户经营模式，是由经营实力较强的农民经营的小型农庄。此种模式适用于农业产业基础成熟并且特色鲜明、周边市场容量大、经济相对活跃发达的区域，以各类农园、酒庄牧场、农场等为主要形式。在利益分配方面，农庄主作为投资经营主体自负盈亏，农民通过在农庄就业打工获取一定劳务报酬。

（1）个体农庄模式的优势

第一，拓展了经营空间与功能，相比于农家乐，个体农庄的经营空间从农户家庭扩展到农业生产活动空间，经营功能则增加了娱乐、体验、购物等体验活动。

第二，丰富了收入结构模式，农庄一般会依托农业生产活动开发出垂钓、采摘、亲子DIY、农产品购物等收费型项目，使农庄收入结构更加丰富。

第三，带动周边农民就业增收，农庄经营规模相对较大，需要聘请农民劳动力，促进了农民就业，且农庄支付的薪酬一般高于农业生产收入，有一定富民效果，但也容易拉大农民之间的贫富差距。

（2）个体农庄模式的制约因素

第一，难以出精品，与"农户+农户"模式相似，如果管理者的文化素质和知识技能水平受限，会导致农庄整体的经营管理水平不高，产品创新迭代慢，服务缺失标准规范，难以做成精品。

第二，资金风险大，农庄多为农民个人投资建设经营，投入资金量和日常资金流转量相对较大，需要承担一定的资金风险。

第三，外部资金和人才难以进入，个体农庄的经营者也多是当地农民，缺乏投融资思维与渠道，较难吸引外来资本，同时农庄一般以家族成员经营为主，雇佣的农民仅从事低端的耕作、服务接待、施工建设等工作，在核心的经营、管理、决策方面较少聘用外来人才。

（3）个体农庄模式的发展关键

个体农庄模式的发展要点在于提升农庄经营管理水平，将经营业方式丰富化，并强化招商引资与人才引进力度，打造具有市场竞争力的精品农庄。具体而言有以下几个关键。

第一，引进现代化经营理念与方法。主要经营管理人员应加强学习，提升文化素质水平，开阔战略性思维视野，通过走进现代化经营企业学习借鉴，在农庄的财务、人事、产品开发、投资、运营决策、营销、建设施工等方面提升经营管理水平，同时可尝试引进智慧化管理平台，如电子台账、线上预订登记系统、微信推广等，提升管理效率。

第二，基于农庄产业特色进行主题化升级。各类农庄应基于产业特征创新升级产品，找准目标客户群，并聚焦目标客户群的需求痛点，动态优化调整产品，开发系列主题鲜明的农庄体验产品业态，提升旅游吸引力与行业竞争力。例如，养牛的农庄可借鉴台湾飞牛牧场，打造奶牛观光、喂食、触摸、乳制品DIY等各种与牛的主题相关的体验活动，有渔业产业资源的农庄可以开发主题化的渔庄住宿、鱼食馆餐饮、鱼趣乐园等项目，只有形成持续性的旅游吸引力，才能使农庄在同质化竞争中突围。

第三，推进招商引资与人才引进。农庄经营需逐步开放，借助地方政府搭建的招商引资平台，积极吸纳社会资本进入，并加强优秀高端管理人才引进，定期开展经营管理与接待服务方面的人才培训。以北京周边的洼里乡为例，为了提升农庄的餐饮经营水平，农庄的主要经营者率领团队相继走访、参观、考察北京郊区农家菜并聘请北京餐饮协会及地方特色菜厨师技师进行农家菜的开发研制工作，保证了农家餐饮的质量。

3. 村集体模式

村集体模式是指村集体统一开发、运营与管理，把村集体所有的旅游资源、村民特殊技术、村民劳动量、村民自主投资额转化为股本，合理分配给农民，引导农民作为股东与员工，直接参与乡村旅游的开发决策、生产经营活动和利益分配的一种经营模式。该模式适用于村民配合度较高、区位条件好、乡村旅游资源丰富或具有垄断性、经济基础和基础设施条件好的区域。在利益分配方面，采取按股份分红与按劳动分红相结合的方式，经营和参与主体按各自股份获得相应比例的收益，有利于集体致富。

（1）村集体模式的优势

村集体模式的优势较为明显。

第一，公平保障村民利益，较为合理的利益分配方式有利于解决利益冲突并保障村民利益，具有一定的公平性。

第二，规模效益明显，能够将资源、资金、人力、物力集中统一开发与管理，有利于实现规模。

第三，保护乡村原真性，有组织的经营开发一般眼光较为长远，在促进可持续发展的同时更容易保持乡村文化的原真性。

（2）村集体模式的不足

第一，较难统一村民思想与决策，村集体模式涉及集体经济的决策与运营管理，难以统一村民的开发意识，难以统一村民在用钱、用地、用人方面的意见。

第二，对村集体带头人依赖性过强，村集体模式大多依赖于带头人的战略眼光与谋略，需要以带头人的人格魅力强化对村民的集体领导，也受限于带头人的经营管理思维，主观性因素较大。

第三，法律规章约束力较弱，难以规范化发展，村集体经济对法律制度的贯彻落实不强，村民的法律意识较弱，大多依靠不成文规定或村领导的个人威望来约束村民行为，缺少严格的规范引导。

（3）村集体模式的发展关键

村集体模式的发展要点在于统一村民思想与决策，提升村集体的旅游经营管理水平，具体包括以下举措。

第一，统一村民思想，形成长效的运营决策机制。村集体需要引导村民提高乡村旅游开发意识，通过宣传、讲话、会议讨论等方式统一村民思想，落实村民民主自治机制，对于乡村旅游开发项目，需执行村民投票决策制，避免过度依赖村集体带头人。

第二，村集体应强化学习借鉴，定期选派骨干人员前往乡村旅游发展先进成熟的区域考察学习，为村集体注入最新的成熟经营管理经验，适当引入企业、政府与旅游部门，强化专业运作指导。

第三，引进外部资金、高端人才与技术，向外输出品牌。乡村旅游开发过程中，可适当引入外部投资商，发挥资金杠杆作用来促进乡村旅游项目建设，积极引进高水平的管理与运营人才，在村集体的乡村旅游项目发展成熟后，可逐步向外输出品牌与运营模式，扩大乡村旅游经营效益。

（二）政府主导型

1995年起，我国"双休日"制度开始实施，国民休闲时间增加了一倍，作为我国旅游业的重要组成部分，乡村旅游进入蓬勃发展时期，政府开始介入、规范与引导，首当其冲地承担保护、管理与开发职责，在乡村旅游开发过程中发挥着越来越重要的作用。政府主导型经营模式正是在这一背景下出现的，由政府直接（成立管委会）统筹规划开发与运营管理，以旅游发展收益反哺资源保护投入，并为当地居民提供旅游就业机会，促进农民增收。随着市场经济的发展，政府统筹运营管理的乡村旅游项目中，也出现了市场化运作的现象，即政府成立旅游开发公司，执行乡村旅游项目的市场运营工作。

政府主导型乡村旅游项目，主要是"管委会+旅游开发公司"模式。"管委会+旅游开发公司"模式是指政府为了强化对乡村旅游资源的开发管理，成立乡村旅游管委会，并下设旅游开发公司，负责市场化运作乡村旅游项目的一种经营模式。

这种模式的作用主要体现在确定产业政策、制定发展规划、完成基础设施投入、完成其他主导性投资、承担宣传推介任务、实施行业管理等方面。该模式适用于乡村旅游资源保护价值高（如遗产类资源）、旅游开发所需投资较大的区域，以景区景点型的历史文化名村名镇为主要形式。

在利益分配方面，旅游开发经营收入归政府所有，用于乡村旅游资源保护、环境治理、村民补贴等，当地农民可获得生活环境改善、就业渠道增加、自主经营收入等利益。

1. "管委会+旅游开发公司"模式的优势

（1）建设资金有保障

开发建设资金有保障，政府作为开发主体，不仅能投入一定的财政资金，还能有效地配置资源，为旅游项目的开发和资金筹集拓宽了渠道。

（2）市场化运作效率高

市场化运作效率高，政府主导的开发建设力度较大，能形成规模效益，且有旅游公司进行市场化运营，能灵活开展市场营销推广、投融资合作与产品服务创新升级，提高乡村旅游经营效益。

（3）可控性强

协调力度大，可控性强，管委会具备行政统筹职权，能较好地协调调动村民参与乡村旅游项目建设，同时对项目建设过程中的乡村风貌改建、经营业态布局、建设工程推进等具有较强的控制力。

2. "管委会+旅游开发公司"模式的不足

（1）开发动力不足

政府作为行政管理与公共服务机构，其盈利性需求较低，政府主导模式下的乡村旅游开发建设容易出现动力不足的问题。

（2）运营机制受限

政府主体的体制机制灵活性不强，在开发建设决策上偏向循规蹈矩，缺乏创新力。

（3）开放性不足

政府过度干预，会导致市场竞争力不足，外部资金、人力难以进入，村民参与的积极性较差，制约乡村旅游的发展进程。

3. "管委会+旅游开发公司"模式的发展关键

政府主导的"管委会+旅游开发公司"模式发展要点在于实行"三权分离"的市场化运作，并积极拓展投融资渠道，积极优化农民参与乡村旅游的经营环境。具体而言包括以下几个关键。

（1）实施"三权分离"

"三权分离"是指所有权、承包权和经营权相分离的机制。通过积极推行"三权分离"，使农民保有土地所有权，政府实施管理监督权，企业落实经营权，以全面保障农民权益，保障乡村旅游资源开发的有序性与可持续发展，最大限度地发挥企业市场化运作的优势，实现乡村旅游的效益最大化。

贵州西江千户苗寨景区是在政府主导下实现初步"三权分离"的代表。中共雷山县委、县人民政府成立了雷山县西江景区旅游产业发展领导小组，下设西江景区管委，主要负责景区秩序维护、环境治理、规划与建设监管、基础设施建设等工作。为了规范西江的旅游管理，还成立了西江景区管理局，并组建了贵州省雷山县西江千户苗寨旅游发展有限公司，公司属于国有独资企业负责千户苗寨的市场化运营，包括门票销售、营销推广、酒店经营、演艺开发等。政府、企业协调配合，各司其职，较好地提升了千户苗寨的经营管理效率。

（2）优化经营环境

政府出台系列政策，如税收优惠、评优奖励、财政补贴等，鼓励农民在景区周边自主经营农家乐、小型庄园等项目，企业给予一定的引导帮扶，帮助推动村民从乡村旅游中收益，处理好与农民、企业的利益关系，避免出现与农民和企业争夺利益的现象，产生负面影响。

（3）重视基础设施建设

政府应重视基础设施建设、服务标准制定以及商业的业态引导等方面，为个体和企业的乡村旅游经营做好支撑。

以政府主导型的周庄为例，政府在旅游设施建设方面不断完善，推动了水上游景观建设、古镇区灯光改造和绿化提升、公共厕所星级化改造、游客中心和票务中心改造、24小时停车场等工程的建设；全面推进智慧景区建设，荣获江苏省首批"智慧旅游示范基地"称号；出台《周庄镇民居客栈管理暂行办法》，举办首届最美服务单位评选；此外在业态的转型和引进方面也做了很多工作。推广PPP模式，拓展融资渠道。PPP模式，是指政府与私人组织之间，为了提供某种公共物品和服务，以特许权协议为基础，彼此之间形成一种伙伴式的合作关系，并通过签署合同来明确双方的权利和义务，以确保合作的顺利完成，最终使合作各方达到比预期单独行动更为有利的结果。地方政府与旅游企业可应用PPP模式进行招商引资，拓展融资渠道，引导社会资本进行旅游产品开发。

（三）企业主导型

随着我国经济的快速发展，旅游市场需求和供给都呈现多元化的发展态势，因而各级政府不断出台政策鼓励社会资金投资旅游业，逐步降低旅游产业用地门槛，资本市场资金和风险投资资金开始进入休闲农业和乡村旅游市场。于是在一些资本经济活跃度高、市场相对成熟、土地与资金政策改革试点的区域如首个实行"点状供地"的浙江省湖州市、首个进行旅游产业用地改革试点城市的桂林等地，出现了一批企业主导型的乡村旅游项目，以成熟的公司组织架构来投资开发并运营管理乡村旅游项目，即乡村旅游的企业制模式。

企业制模式是指在乡村旅游开发建设过程中，引进组织结构成熟的旅游公司运营，乡村旅游项目的所有权和经营权归企业所有，以企业的整体品牌形象进行乡村旅游开发和经营活动的经营模式。

政府和村集体不参与具体的开发管理决策，当地农民以个人身份加入企业，以劳动获取收益。该模式适用于经济发达并且改革创新政策多（土地或资本）的区域，尤其是位于环城游憩带上具有优势农业产业的村镇，发展潜力大、接近客源市场、交通便利，成为企业投资进入的首选。

在利益分配方面，企业作为投资者获取全部的开发经营收入，对农民给予一定的土地征用补偿，农民主要靠提高农产品附加值获取收益，农民也可以个人身份进入企业打工获得薪资报酬。

1. 企业制模式的优势

（1）投资大、起点高、发展快

投资乡村旅游项目的企业大多具有雄厚的资本基础，且能灵活运用市场投融资渠道和财政补贴政策，能为乡村旅游项目投入较高的开发资金，使乡村旅游项目在一个较高的起点规模化地展开。

（2）运营管理水平高

团队成熟、运营管理水平较高，企业组织结构成熟，运用管理理念更现代化，能够高水平地推进乡村旅游有序开发。

（3）吸纳当地城镇与乡村居民就业

企业在主导开发建设的过程中，需要聘用大量当地城镇与乡村居民，提供了建设施工与服务接待等多种职位，解决了当地就业困难的问题。

（4）产品与服务水平较高

企业主导运营将对管理服务人员进行全面培训，对接待服务水平要求较高，能更加规范地保障游客旅游体验效果，维护游客利益。

2. 企业制模式的不足

（1）政策限制

农村用地政策限制企业进入，企业投资乡村旅游项目较难获得建设用地指标，大多以土地流转租赁形式进行旅游开发，开发建设的灵活度受限，且后期扩张空间不足，不利于企业的长期发展。

（2）农民与企业的利益关系难协调

乡村旅游项目涉及征用农民土地，或是拆迁部分公共建筑，企业作为外来机构，较难获得农民认可与配合，从而导致农民与企业的利益关系难以协调。

（3）农民长期的利益难保障

企业主导的乡村旅游项目，大多采取一次性长期征地租用形式，不对农民的后续收益承担责任，且容易出现"旅游漏损"的利益流失现象，易引发矛盾，使农民长期的利益难以得到保障。

（4）容易过度商业化破坏资源

企业投资乡村旅游项目的最大目标即获取利益收入，因此在开发建设过程中容易出现过度商业化破坏资源景观的现象，不利于乡村原真性的保护。因此，企业制模式的发展要点在于协调好开发建设过程中的用地问题，协调好当地农民的利益并带动农民致富。

3. 企业制模式的发展关键

（1）积极探索农村用地改革

政府需积极探索农村用地改革试点，各地政府在招商引资过程中，需首先解决乡村旅游用地问题，积极落实国家关于旅游产业用地改革的政策，探索乡村旅游用地改革试点政策，为企业营造良好的征地用地环境。

以顺德的长鹿农庄为例，该农庄占用的40万平方米土地全是由广东长鹿集团租用的集体土地。租用集体土地做建设，不用办理国有土地使用权证，也不改变用地性质，降低了投资风险。当长鹿农庄亟须增加租用土地扩展园区时，顺德区政府给予了积极支持。

（2）协调农民与企业的关系

企业可引入政府或合作社协调农民关系，企业开发乡村旅游项目离不开当地农民的支持与配合，可引入政府或当地有影响力的合作社从中协调撮合，处理好与农民的关系。在湖南浏阳市"中源农家"，成立了浏阳中源农家旅游公司，负责规划、招徕、营销、宣传和培训；村委会成立专门的协调办，负责选拔农户、安排接待、定期检查、处理事故等；农户负责维修自家民居，按规定接待、导游服务、打扫环境卫生。企业在村集体合作社的扶持和协调下，保证了企业、农户、游客的利益，同时村级经济实力也得到了较大的提高，并改善了村里公路，增加了公共设施。

（3）企业带动农民致富

企业需带动农民共同受益致富，企业征用农民土地以盈利，也需带动农民从乡村旅游项目中受益致富，建议优先聘请当地农民，制定农民分红计划，进行免费培训并鼓励农民自主经营农家乐或农产品销售等，调动农民参与乡村旅游的积极性。以三亚的亚龙湾玫瑰谷为例，采用了"公司＋合作社＋农户"的发展模式，以"五统一分"的形式，即统一种苗、统一农资、统一技术、统一品牌、统一销售，分散种植的形式，为农户提供全程技术指导及销售服务，解决了农户从生产技术到产品销售的后顾之忧。同时以土地形式入股的农民既可以在玫瑰园里因务工而拿工资，又可以在年终得到分红，每户农民的年收入可达2万元以上。北京蟹岛集团在经营过程中大量雇佣当地农民，为解决农民就业和促进增收起到了积极作用。政府应严格控制开发力度，在开发建设过程中，政府需强化监督管理职责，严格控制乡村旅游开发强度，坚决避免资源环境破坏现象，保证乡村旅游的可持续发展。

（四）混合型

2008年的国际金融危机对我国出口贸易经济产生了严重影响，促使我国经济发展动力转向内需拉动，消费升级拉动投资，旅游业进入大消费时期。供给改革加速推进，使得旅游产品供给不断调整升级。在这一时代背景下，乡村旅游的开发运营也进入优化调整期，从前期的农民主导型、政府主导型、企业主导型向混合型演变，即由农民、政府、企业、投资商等多方共同参与乡村旅游的开发运营管理，充分发挥各类主体的独特经营优势，以避免单一主体主导的局限性，通过多方通力协作，合理协调不同相关者的利益诉求，优化运营管理机制，提升乡村旅游资源利用率。混合型经营根据实际经营结构组织的不同，可细分为股份制和合作社制两种经营模式。

1. 股份制模式

股份制模式主要是指"企业＋政府"模式，即政府保留旅游资源的所有权，出让经营权或以经营权作价注入，吸引投资商注入资本，共同组建旅游开发公司，双方各占一定比例股份的经营模式。旅游开发公司租用农民土地或聘用农民，整体负责开发建设与经营管理，达到政府收益、企业获利、农民增收的效果。该模式适用于旅游资源归政府管理、环境保护要求高、项目开发需要大量资金投入的区域。在利益分配方面，政府与投资商根据所占股份获取相应的经营收益，此外，政府还能获得旅游开发公司的纳税收入，村民自主经营农家乐小旅馆、餐厅等也能获得额外收入。

（1）股份制模式的优势

第一，利于资源保护，在股份制模式下，项目所有权掌握在政府手中，政府可通过行政措施强化资源与环境保护，推动项目顺利开发建设。

第二，企业化运营效率高，股份制模式下，企业全权负责乡村旅游项目的运营管理，能以现代化的成熟运营方式，对乡村旅游项目进行市场化运作，提高资源开发效率，提升运营管理效益。

第三，拓展了投融资渠道，股份制模式可以采取招商引资、信贷、融资等方式集聚资本，吸引更多社会资本投入乡村旅游项目，有利于项目的顺利推进。

（2）股份制模式的不足

第一，农民和企业利益的调和难度较大，政府和企业主导的旅游开发公司全面掌控乡村旅游项目的运营管理，村民参与性不高，并且农民的利益缺乏保障，容易激发农民与企业之间的矛盾。

第二，政府过度干预影响运营效益，政府拥有所有权及行政管理权，容易过度干涉乡村旅游项目的运营，影响企业的运营决策。

第三，企业投资的风险大，企业需投入较多资金用于基础设施改建等，整体的投入成本高，具有一定风险。

（3）股份制模式的发展关键

股份制模式的发展要点在于合理分配股权股利，提高农民参与积极性，形成良好的运营管理机制，避免多头管理。

第一，多方保障农民权益。在开发建设过程中，优先聘用村民，保障农民在乡村旅游发展中"不离乡不离土"，定期按一定经营收入比例分红给农民，为农民提供自主经营的优势环境，提高农民积极性。

乌镇作为股份制合作经营的典型代表，在开发建设过程中坚持改善民生，乌镇景区为当地村民做了三件事：①再造新镇，乌镇二期购地30 000多平方米，在开发之初就将古镇居民进行彻底搬迁至新镇，使居民以较低的成本拥有宽敞的住所，享受现代生活；②解决居民就业，乌镇将古建筑返租给原来的住户，让他们处理日常的客房清洁，更可以在原来自家的餐厅经营餐饮；③延续古镇生活方式，原住户可以凭着相关证件自由进出古镇，延续其原有生活方式，也弥补了古镇生活气息的缺失。

第二，引入市场化股份制决策机制。政府在积极行使监管权的同时，大胆下放经营管理权，优化旅游开发公司的股权划分结构，引入现代化企业的股权决策机制，降低政府的干预控制，保障旅游开发公司的市场化运作。安徽宏村是我国乡村旅游探索混合经营较早的实践者，政府为了保证旅游开发的效益，与中坤科工贸集团签订了为期30年的租赁经营合作协议书，并根据协议成立了由黟县旅游局、文物局参与的黄山京黟旅游开发总公司。中坤集团以现金方式逐步投入黟县，黟县以古民居旅游资源和古祠堂群建设项目土地使用权为投入，共同形成股份合作经营态势。虽然在经营的过程中遇到了各种利益协调的问题，但是市场化力量的引入还是为综合效益的提升起到了推动作用。

第三，引入投资机构拓展资金来源。旅游开发公司可进行跨地区、跨资产的联合，降低风险，通过各种投融资渠道，吸引各类资本市场进入，最大限度地释放乡村旅游价值。以古北水镇建设为例，在建设阶段引入多元化投资，其中包括中青旅、乌镇旅游股份旅游公司、北京和谐成长投资中心、京能集团等多方面的投资，有政府的资本，也有企业的资本，极大地提升了古镇建设运营的效率和抗风险能力。此外，投资企业与政府应尽量签订长期合作协议，并明确后续扩建计划预留扩展建设空间，保障项目的长期运营。

2. 合作社模式

合作社模式主要是指"公司+村委会/专业合作社+农户"模式，即农民将土地承包经营权流转并与村委会签订协议，由村委会将农民土地集中并转让给旅游开发公司的经营模式。

旅游开发公司不与农户直接交涉合作，而是统一与当地村委会或专业合作社沟通对接，由村委会和专业合作社调动农户参与旅游项目，由旅游开发公司负责投资开发经营、制定相关规章制度并组织旅游服务培训等事宜。当地农户可选择在旅游开发企业打工，或经营家庭旅馆、餐厅等，获取额外旅游收入。

该模式适用于农民意识团结、有旅游开发意识但缺乏运营管理资金与路径的村镇。大规模的乡村旅游开发项目，对农村土地、村民劳动力需求量大，由村委会或专业合作社从中间协调管理并集中资源统一对接旅游公司，能有效地提高乡村旅游管理效率。在利益分配方面，旅游开发公司占有大部分经营收入；合作社组织获取一定比例经营收入用于集体环境建设与组织协调工作；农民获得一定比例经营收入分红或是土地出让租金，还可在乡村旅游开发公司就职获取劳动报酬，自主经营家庭旅馆或餐厅的可获得相应的经营收入。

（1）合作社模式的优势

第一，村民利益得到保障，通过旅游开发公司与合作社的统筹协调，村民可以获得相对公平且长期性的利益收入，合作社也能较好地统一组织村民。

第二，高效统筹乡村资源，旅游开发公司在合作社组织的协助下，能高效集中乡村土地、资金、人力，统一开发经营，提高资源利用效率，有序推进项目开发建设。

第三，合作社可监督并规范资源开发强度，确保乡村旅游项目正规、有序、合理发展，维护乡村的可持续生态环境。

（2）合作社模式的不足

第一，村民没有决策权，公司与村委会或专业合作社对接，而不与农户直接合作，农民的意见与建议得不到重视与反馈，不利于提高农民参与乡村旅游项目的积极性。

第二，旅游开发公司投入成本高，公司需要投入大量资金用于基础设施建设与乡村环境改造。

第三，利益分配易产生矛盾，由村委会或专业合作社经手的乡村旅游经营利润的分配容易出现不公平或不均衡的问题，引发村民矛盾。

（3）合作社模式的发展关键

这种模式的发展要点在于做好村民协调组织工作，并公平分配经营利润，保障村民利益。具体而言包括以下两个关键点。

第一，优化村民参与经营管理的决策机制，提高村民积极性。村民、村委会或专业合作社、旅游开发公司三者之间应形成良好的沟通机制，尤其是村委会或专业合作社要做好中间协调工作。鼓励农民通过合作社积极建言，参与乡村旅游项目的管理和决策。实行乡村旅游项目运营财务透明公开制度，让村民了解经营收入与分配流向概况，做到"心中有数"，调动农民的积极性，发挥农民的智慧。

第二，创新经营利益分配机制，实现长效富民。因地制宜地制定乡村旅游经营收入分配机制，确保合作社获取一定经营收入用于整体协调推进工作，促进农民收入由单一的农产品收入扩展为分红、资产、农产品和经营管理等多种收入，保障农民的长期利益。以海南葫芦村为例，村里的经济联合社对坡地采取只租不卖、共同分红的模式，如龙泉公司租用土地60多亩建龙泉乡园，租期为30年，每年缴纳租金，村集体与公司约定从经营收入中留出一定比例资金，作为再发展基金和全村福利发展基金。此外农户以房屋入股与龙泉公司合作的旅馆项目，能从营业额中抽取30%的提成，剩下的除去成本由合作社与公司五五分成利润按人头分红，农户以田地入股、经营咖啡厅或马车项目也能获得不菲分成。旅游项目还给村民们提供了100多个岗位，人均月工资2500元。用好政策扶持资金，降低企业投资压力。村委会或合作社积极争取各种类型的政策扶持资金，投入乡村旅游基础设施建设中。每年从经营收入中抽取一定比例作为乡村旅游发展基金，投入乡村旅游开发建设中。鼓励农民通过信贷获取房屋改建资金，分担企业对乡村旅游的硬件设施投入压力。

第二节 乡村旅游的经营策略

一、多样化策略

我国乡村旅游多以观光采摘和农家乐为主，功能单一、层次较低，文化品位不高。传统的"住农家屋、吃农家饭、干农家活、享农家乐"已不能满足游客多元化、个性化的旅游需求，当前乡村旅游经营应在传统观光功能的基础上，善用不同的优势资源，运用农业与农村资源特性营造特色。有的强调优美景观，有的强调农林渔牧产品，有的强调自然生态教育，有的强调乡土文化体验，不一而足。挖掘、整合最具代表性的乡土文化和生态文化资源，增加休闲、度假、保健、科普、研学等功能，引导乡村旅游经营向着高品位、高层次、多功能化方向发展。

二、精品化策略

乡村旅游经过 30 多年的发展，呈现出一种"摊大饼"的格局，遍地开花。但是产品雷同，服务不上档次，游客满意度不高。转换经营思路，走精品化路线，做到"人无我有，人有我优"，以高端服务和精良产品吸引客户目标群体，瞄准某一专项旅游客源市场，如亲子游或蜜月游市场，或者定位于高端城市精英群体，在专项领域里做深、做大、做强。

杭州法云安缦酒店隐藏于一个风景如画的山谷中，四周围绕有静谧的茶园、天然林、别具风格的小村庄和五大佛教朝圣地之一的灵隐寺，拥有无可比拟的自然风景和独特的地理位置。安缦酒店的设计初衷是为了让尊贵的宾客能够置身远离烦嚣、环境优美的度假村享受愉快，享受不被外人打搅的私密假期，体验其亲切周到的服务。而所有的安缦酒店都具有某些特征——一个优美的自然环境，豪华的设施，独特的服务和小规模的客房以保证隐私不受打扰。酒店的装饰都利用具有地方特色的素材，反映了周边自然环境和地方传统文化元素。酒店黄土做墙，石砌房基，木窗木门，白墙黑瓦，别有一番风味。改造后的独栋客房分布在 1 千米长的沿溪小径两侧，所有房子都是院落客舍，普通客房约 60 平方米，别墅式的最大有 200 多平方米，里面无线网、空调、地暖、电视、茶道用品等齐全。

三、特色化战略

特色是乡村旅游经营制胜的法宝，也是吸引游客的重要筹码。在乡村旅游普遍同质化发展的今天，特色显得尤为稀缺与可贵。乡村旅游要摒弃传统的跟风潮，敢于创新，大胆尝试，创新产品与服务，才能增加竞争力。北京市延庆县井庄镇柳沟村位于延庆县城东南方向，为井庄镇下辖的自然村，距延庆县城 15 千米，距北京城区 92 千米。村子在明清时期为边塞屯兵重地，也是长城关隘，至今留有故墙、城门和古庙等遗迹，但毁损严重。据说该城完整时，站在村外燕羽山上俯瞰，古城像一只展翅飞翔的凤凰，因此柳沟又被称为"凤凰城"。近年来，柳沟村按照"挖掘历史文化，丰富民俗文化，融入旅游文化"的发展思路，依托当地酸浆豆腐、泥制火盆和明代古城址等传统资源，积极发展乡村旅游业，开发出绿豆腐、黑豆腐等新产品，与原有的白豆腐形成"三色豆腐"。火盆锅也由一锅发展到多锅，辅料配以延庆特有的傀儡、山药饼等，开发注册特色白酒"柳下醉"。经过不断发展改良，柳沟村制定出一个主锅（寓意红红火火）、四个辅锅（寓意四平八稳）、八道凉菜（寓意八仙过海）、六种主食（寓意六六大顺）等基本菜品和样式，形成了独具特色的乡土餐饮系列。民俗接待用餐标准和上菜程序也逐渐融入"自助餐"的营业模式。柳沟村积极打造"凤凰城—火盆锅—豆腐"旅游品牌，举办"延庆县乡村旅游节暨柳沟豆腐文化节"等特色旅游活动，乡村旅游业实现跨越式发展。

四、差异化战略

随着乡村旅游的蓬勃发展，乡村旅游经营竞争日益加剧，许多地区存在着争抢客源的现象，扰乱了当地旅游公共秩序，也不利于旅游可持续发展。为了规范市场行为，杜绝削价竞争，就要引导经营者实行差异化经营战略，以与众不同的产品或服务形成卖点，出奇制胜，提高核心竞争力。乡村旅游目的地多为广袤的乡村地区，而这也正是我国贫困多发地带。当前我国扶贫工作已进入关键时期，旅游覆盖面广，关联度高，具有"1+2+3"的叠加效应与"1×2×3"的乘数效应，能有效促进农村产业融合，改善农村公共基础设施假设和公共服务；能带动当地居民就业，是农村经济增长的新引擎；还能释放乡村旅游的富民效能，有助于缩小城乡差距，加快城乡建设一体化步伐。

为倡导休闲新模式，迎接大众旅游时代的到来，福泉市抓住乡村旅游逐渐升温的有利时机，把激发乡愁记忆作为留住游客重要的因素，在"农"字上做足文章，全市8个乡镇（街道）因地制宜，不追风，不玩新奇险，不搞模仿，不走高大上，另辟蹊径，走最接地气的纯"乡土"路线，深入挖掘乡愁元素，在"玩"字上下足功夫，推出一系列乡土气息浓郁的乡村体验式旅游方式，让游客在"玩"中寻找儿时乡愁的记忆，在"玩"中释放久居城镇的压抑情怀，感受乡村的好山好水，感受乡村远离尘嚣的宁静，在"玩"中开怀大笑，细细品味快乐的滋味，寻找幸福的感觉。

例如，在仙桥乡主推玩水和民族文化，在蛤蚂河露营漂流，在苗寨体验王卡苗族杀鱼节非遗文化，在凤山古镇，体验考古发掘，感受夜郎东都的神奇魅力，在古驿道边羊老大坝体验农家稻田捉鱼的乐趣，在龙昌龙井体验龙井奇泉水推豆腐的神秘，品尝豆腐宴的饮食文化。当然，还可以体验在农家田地里植树、锄草，上山打猪草、圈舍喂猪等丰富多彩的活动，只要你喜欢，福泉就能给你找到一个"玩"的旅游。

五、创新策略

乡村旅游要不断创新产品与服务才能永葆发展动力。创新一方面是开拓新产品与服务，另一方面是对原有产品与服务的升级换代，做到因地制宜，合理开发，推陈出新，不断融合新产业新要素、培育新业态新产品，让游客每次都有全新的感受。

六、亲情服务策略

乡村不仅拥有清新宁静的田园风光，还有热情淳朴的当地居民。乡村旅游经营应秉持"宾至如归"的理念，以自然、亲切、热情的服务态度为游客提供亲情化服务，让游客有一种远途回家的感觉。在待人接物方面，要礼貌诚恳、落落大方、不疾不徐，耐心为游客解答任何问题；餐饮服务方面，引导客人合理就餐、营养平衡，不仅吃得饱，吃得好，还要吃出品位，确保菜品安全卫生、服务要体贴、周到；住宿服务方面应注重整洁干净、空气清新，为客人提供舒适安静的居住环境。

第三节 开办乡村旅游的相关手续

一、开办乡村旅游相关政策知识

开办乡村旅游是一种创业活动。在竞争激烈的市场大潮中，善于了解创业的政策环境是创业成功的关键，而能否成功融资、证件是否齐全以及组织员工培训是否到位是影响创业成功的关键因素。

开办企业是创业的最主要途径之一，特别适合于小规模起家、对业务很感兴趣又能独自或通过简单合作使企业生存和发展的创业者。在我国开办企业可选个人独资企业、非公司制企业法人以及私营合伙企业等方式。

个人独资企业由个人全资拥有，投资人对企业具有决策权。它不是法人，需要承担无限责任。开办个人独资企业的优势是注册手续简单、费用低、注册资金随意，劣势是信贷信誉低、融资困难、承担无限责任等。

非公司制企业法人指拥有法人资格而与公司有别的企业，与公司的明显区别是注册资本的不同。公司的最低注册资本是10万元，非公司制企业法人是3万元。开办非公司制企业法人的优势是承担有限责任、运行稳定，其劣势是注册手续复杂、费用高、税收较高。

合伙企业是指合伙人之间以合同关系为基础的企业组织形式。合伙人为了共同的目的，相互约定共同出资、共同经营、共享收益和共担风险。合伙企业分为普通合伙和有限合伙。开办私营合伙企业的优势是注册手续简便、费用低、税收较低，其劣势是易内耗、合伙人财产转让困难。

二、开办乡村旅游需要办理的许可证

乡村旅游的经营需要加强对乡村旅游的管理。规范乡村旅游经营所需手续是乡村旅游健康规范发展的必备条件。

①工商营业执照。工商营业执照是经营乡村旅游（及其他行）所必需的最基本的证件。

②卫生许可证。我国的乡村旅游大多还处于发展的初期阶段，大部分乡村旅游只开办一般的餐饮和游乐项目，因此需要办理卫生许可证。

③从业人员身体健康合格证。乡村旅游的从业人员须办理健康证，如有外雇人员还要办理暂住人口登记证等。办理卫生许可证和健康证促使乡村旅游业主建立完善的卫生档案和卫生管理制度，从而保证餐具消毒、保洁设施的完善以及正确使用，确保游客饮食的卫生安全。

④排污许可证。排污许可证的发放是为了加强乡村旅游业主的环保意识，不允许排放物破坏当地的环境生态。

⑤消防许可证。提供住宿服务的乡村旅游业主须办理消防许可证或者消防部门出具的消防意见书。另外，还须把乡村旅游住宿的信息资料提交给公安部备案。

⑥文化经营许可证。设有歌舞厅等文化经营项目的乡村旅游业主须办理相关的文化经营许可证。

三、乡村旅游相关许可证的办理手续

目前，以家庭为单位的乡村旅游大部分尚未纳入工商、税务和旅游部门的管理，开业、停业都很随意，有些农业户根本不具备条件就开张，娱乐用具、餐饮用具清洁卫生成问题，塑料袋等垃圾随意丢弃，生活污水随意排放，造成环境污染，降低了环境效益。因此，开办乡村旅游应按照国家有关法规办理营业执照及相关手续。这是乡村旅游健康规范发展的前提。

（一）办理营业执照

经营乡村旅游要先向所在地工商行政管理部门提出开业申请，领取登记表，然后到卫生部门办理卫生许可证。办好卫生许可证后，连同其他文件再上交工商行政管理部门。

1. 申请企业法人登记应提交的文件、证件

①组建负责人签署的登记申请书。
②组织章程。
③资金信用证明、验资证明。
④企业主要负责人的身份证明（包括任职文件和附照片的个人简历）。
⑤住所和乡村旅游经营场所证明（包括产权证明、房屋租赁合同）。
⑥卫生许可证。

2. 申请营业登记应提交的文件、证件

①登记申请书。
②资金证明。
③负责人任职文件（贴身份证复印件）。
④场所使用证明。
⑤卫生许可证。

登记机关审核批准后，即给符合条件的企业发放《营业执照》，给有限责任公司发放《企业法人营业执照》，通知法定代表人或企业负责人领取营业执照。申请人领取营业执照时要办理签字手续，缴纳一定数额的登记费。

如果农户所开的乡村旅游达不到企业的条件，属于农户经营的或2个以上合伙人共同经营的，就要办理个体工商户营业执照。办照的程序是：由申请人向所在地工商行政管理部门递交申请，填写《个体工商户申请登记表》，填好后连同申请人身份证复印件（外来人口要有暂住证复印件）、照片及卫生许可证一起交给工商行政管理部门。登记表的主要内容如下。

①字号名称。名称要符合登记管理的规定。
②经营者姓名及住所（填写户籍所在地详细地址和现住址）。
③经营场所（要有产权单位或私人盖章的租赁证明）。
④从业人员（从业人员要有身份证复印件、健康证复印件，外来人口要有暂住证、健康证、就业证等）。
⑤资金数额（指申请开业的注册资金）。
⑥经营范围。

⑦经营方式。

工商行政管理部门收到全部文书并核准登记后，发放《营业执照》；不予登记的，书面通知申请人。

办理《营业执照》要缴纳手续费。领取了营业执照后，就可以从事合法经营。

（二）办理税务登记

当领到营业执照后，务必在30日内向当地税务机关申请办理税务登记，如实填写税务登记表。

1. 税务登记表的主要内容

①单位名称。
②负责人身份证复印件。
③住所、经营地点。
④企业类型、核算方式。
⑤经营范围、经营方式。
⑥注册资金、投资总额、开户银行及账号。
⑦经营期限、从业人数、营业执照号码。
⑧财务负责人、办税人员。
⑨其他有关事项。

2. 交给税务机关的文件

①营业执照。
②有关章程、财务制度。
③银行账号证明。
④负责人身份证复印件。
⑤其他文件、资料。

税务机关在收到纳税人应交的全部文件资料后，应在收到之日起30日内审核完毕，符合规定的，予以登记并发放税务登记证件。

乡村旅游属于服务业，应缴纳的税种有营业税、企业所得税、城建税、教育附加税、印花税等。投资者及全体员工领取工资分红时，还应缴纳个人所得税。

四、办理其他手续

①刻章。领取了营业执照后，要到工商行政管理部门指定的地点刻制印章。

印章要由专人管理。

②外来人口办理"三证"。外来人员到乡村旅游就业要办理"三证",即暂住证、培训证、就业证。另外,乡村旅游的全体员工都要进行体检,办理健康证。外来人口要进行计划生育管理,女工要办理婚育证明。

③办理代码证书和代码章。为使乡村旅游接受国家计算机管理,要办理代码证书和代码章,办理地点是技术监督部门。

④申请账号、买支票。去银行办理申请账号手续,并购买支票。

⑤环保手续。与环保、市容部门联系,了解有关政策,领取办理污水、废气排放许可证。

⑥消防合格证。做好防火的各项工作,接受地区防火部门的检查,取得消防合格证书。

第五章　当代乡村旅游的服务管理

近年来，城市空气污染严重，人们除了工作的压力，还要面对环境的污染，使其渴望去乡村体验自在舒适的生活。本章主要介绍了乡村旅游中的餐饮服务管理和客房服务管理。

第一节　乡村旅游餐饮服务管理

一、乡村旅游餐饮服务概述

（一）餐饮业的内涵

餐饮业是指有目的、有组织地向社会提供餐饮产品及相关服务，并以此来获取经济效益与社会效益的第三产业。按欧美《标准行业分类法》的定义，餐饮业是指以商业盈利为目的的餐饮服务机构。根据中国国家统计局《国民经济行业分类》（2011年修订版）的定义，餐饮业是指通过即时制作加工、商业销售和服务性劳动等，向消费者提供食品和消费场所及设施的服务性行业。

（二）乡村旅游餐饮业

乡村旅游餐饮业指在乡村旅游活动中最有乡村特色的餐饮。乡村旅游的开发主要依靠农业生物资源、农业经济资源、乡村社会资源等而开展的旅游活动，有利于让游客了解当地的风土人情、认识当地的风俗习惯。乡村旅游餐饮应具备如下特点。

1. 乡村性

乡村旅游餐饮依托具有鲜明特色的乡村旅游和民俗民族文化，主要客源来自城市居民，乡村旅游餐饮应突出农家特色，回归田园的特点，菜品原材料凸显乡村野趣，餐厅装潢具有乡村特色。

2. 生态性

乡村旅游餐饮主要经营者为当地农民，菜品原材料也来自自家种植的无公害、无污染蔬菜。

3. 体验性

乡村旅游开发针对的主要人群是城市居民，都市人厌烦了充满喧闹的城市，到农村来感受恬静的田园风光，有利于陶冶身心。住农家屋、吃农家饭、干农家活、享农家乐的游客可以体验农活，田间摘菜，感受农家氛围。

二、乡村旅游餐饮服务要求及规范

（一）餐饮服务礼仪规范

餐饮产品是由餐饮实物和劳务服务即烹调技巧、服务态度和技术以及环境、气氛等因素组成的有机整体，缺一不可。宾客就餐不仅是物质和生理的需求，还有精神上和心理情感上的需求。衡量餐饮服务质量的重要方面便是餐饮服务人员的素质。服务礼仪是餐饮服务质量中重要的环节，随着餐饮行业竞争的加剧，顾客到一家餐厅用餐，不仅是享受美食，更是体验服务的过程。

1. 餐前服务礼仪规范

①客人到餐厅用餐，领位员应根据不同客人的就餐需求安排合适的就餐座位并祝客人用餐愉快。引领入座应一步到位，手势规范，走位合理，步幅适度。

②餐厅应备足酒单、菜单，保证其整洁完好。领位员应选择合理的站位，目视客人，用双手呈递酒单、菜单。服务次序应符合中西餐就餐程序。

③客人入座后，餐厅服务员应选择合理的站位，按次序为客人铺好餐巾，动作应轻巧熟练，方便客人就餐。

④向客人推荐菜品时，应使用规范手势，尊重客人的饮食习惯，适度介绍酒水。

⑤书写菜肴订单时，服务员应站立端正，将订单放在手中书写。下单前，应向客人重复所点菜品名称，并询问客人有无忌口的食品。

2. 餐间服务礼规范

①厨房出菜后，餐厅应及时上菜。传菜时应使用托盘。托盘干净完好，端送平稳。传菜员行走轻盈，步速适当，遇客礼让。

②值台服务员应根据餐桌、餐位的实际状况，合理确定上菜口。上菜时，应用双手端平放稳。配菜和作料应与主菜一并上齐。报菜名时应吐字清晰、音量适中。

③摆放菜肴应实用美观,并尊重客人的选择和饮食习惯。

④所有菜肴上齐后,应告知客人菜已上齐,并请客人慢用。

⑤需要分菜时,服务员应选择合理的站位,手法熟练,操作卫生,分派均匀。

⑥服务员应以尽量少打扰客人就餐为原则,选择适当的时机撤盘。撤盘时,应遵循酒店相关工作程序,动作轻巧,规范到位。

⑦餐厅服务员应随时观察客人用餐情况,适时更换骨碟。更换骨碟时,应使用托盘,先征询客人意见,得到许可后再服务。操作手法应干净卫生,撤换线路和新骨碟的摆放位置应方便客人使用。

3. 酒水服务礼仪规范

①服务员应尊重客人的饮食习惯,根据酒水与菜品搭配的原则,向客人适度介绍酒水。下单前,重复酒水名称。多人选择不同饮品的,应做到准确记录,服务时正确无误。

②斟倒酒水前,服务员应洗净双手,保证饮用器具清洁完好,征得客人同意后,按礼仪次序依次斟倒,斟酒量应适宜。续斟时,应再次征得客人同意。

③服务酒水时,服务员应询问客人对酒水的要求及相关注意事项,然后再提供服务。

④服务整瓶出售的酒品时,应先向客人展示所点酒品,经确认后再当众开瓶。斟倒饮料时,应使用托盘。

⑤服务热饮或冷饮时,应事先预热杯具或提前为杯子降温,保证饮品口味纯正。服务冰镇饮料时,应擦干杯壁上凝结的水滴,防止水滴滴落到桌子上或客人衣服上。服务无色无味的饮料时,应当着客人面开瓶并斟倒。

4. 明档制作服务礼仪规范

①厨师明档制作前,应按规定穿好工装、戴好工帽和口罩,保证灶面清洁卫生,作料容器干净整洁。

②制作时,厨师应尊重客人的意愿,严格按配量烹饪,做到手法熟练,操作卫生。

③服务时,一般应遵循先点先做的原则。

④受到客人称赞时,应真诚致谢,并主动征求客人对菜品的意见。

5. 餐后结账服务礼仪规范

①服务员应随时留意客人的用餐情况,客人示意结账时,应及时提供服务。账单应正确无误,呈递动作标准、规范。

②客人付账时，服务员应与客人保持一定距离，客人准备好钱款后再上前收取。收取现金时应当面点验。结账完毕，服务员应向客人致谢，欢迎客人再次光临。

③结账后客人继续交谈的，服务员应继续提供相关服务。

（二）餐巾折花

餐巾是餐饮服务中的一种卫生用品，宾客用餐时，餐饮服务人员将餐巾放在宾客的膝盖或胸前，餐巾一方面可用来擦嘴或防止汤汁、酒水弄脏衣物；另一方面餐巾可以美化餐台不同的餐巾花型蕴含着不同的主题。在乡村旅游餐饮场所，形状各异的餐巾花摆放在餐台上，既美化了餐厅，又突出了餐饮的主题，给人以美的享受，烘托就餐气氛。

按照餐饮折花的盛器可分为杯花，即放在杯子中；盘花，可放于盘中或其他盛器内环花，套在餐巾环内，成为环花。按照餐饮折花的造型可分为植物花、动物花、实物花和抽象花。

（三）斟酒

斟酒服务是餐饮服务环节中重要的内容，斟酒的流程及服务标准如下。

①按主宾、主陪的顺序，顺时针斟倒。倒酒前，先征询客人意见，倒酒时要缓慢，让客人决定倒多少。

②站在客人右后侧，身体前倾，但不能贴靠客人，右脚伸入两椅之间，右手握酒瓶瓶底1/3处，左手托托盘（平稳地外展于椅背后）、酒瓶商标标识朝向客人，应直臂用手腕活动进行斟酒。

③斟酒时瓶口不可搭在杯口上，瓶口离杯口1~2厘米，要注意手握酒瓶的倾斜度以控制酒流出的速度和流量，每斟完一杯酒下压手腕并旋转瓶身45度，然后逐渐抬起瓶口。斟加热的酒水需提醒客人，酒刚加热过，比较烫，请慢用。

④啤酒、饮品斟至八分满；白酒、高度酒斟倒1/2至2/3杯（中杯），客人有特殊要求时应满足客人需求。

⑤啤酒、香槟酒斟时速度要慢一点，以减少斟酒溢出的泡沫。

⑥瓶口有防伪球（如茅台和小糊涂仙）在斟酒之前先将酒瓶摇一下，将里面的防伪球活动开，瓶口周围有防伪孔的（如五粮液）斟倒时将酒瓶缓缓倾斜30度、使酒液均匀流入酒杯，在斟倒过程中发现酒水流量变小，可及时旋转酒瓶转换方向或及时将酒杯放于托盘内斟倒，避免将不合格服务呈现于客人面前。

⑦倒酒时，禁止左右开弓、动作过猛、酒水溢出。

三、乡村旅游餐饮管理

（一）餐饮管理的任务

餐饮管理的任务是以经营计划为指导，以市场开发和客源组织为基础，充分利用当地的食品原材料，并合理的组织餐饮产品的生存和销售，发挥传统民族特色，满足游客多层次的物质和文化生活需要，促进旅游地经济增长，增加旅游目的地收入。

1. 乡村旅游餐饮管理工作

①做好乡村旅游餐饮市场定位。乡村旅游目的地应该根据自身环境和特色以及内外部条件，认真做好市场调查，选准目标市场和客源对象，做好市场定位，同时要符合乡村旅游特色，保持与乡村旅游目的地文化民俗风情相一致，充分考虑乡村旅游目的地特色、文化，确定餐厅的经营风味、经营方针、经营策略、产品价格，保证市场定位适应目标市场的需求变化，做到与乡村旅游目的地良好的互补，形成乡村旅游目的地的特色吸引力。

②合理确定餐饮管理预算目标。乡村旅游餐饮管理要根据市场定位和经营策略，在市场调查和分析的基础上，认真做好市场预测，尤其是旅游旺季，要合理确定预算目标，编制餐饮管理经营计划，确定企业和餐厅收入、成本、费用、利润目标。

③做好食品原材料采购管理。乡村旅游餐饮的特色之一是食材的新鲜程度，就地取材。餐饮管理要根据餐厅不同经营风味、菜单特色，做好原材料及物品采购业务、库房管理、领料发料等工作，保证生产需要，在旅游旺季的时候尤其要充分保证食材的供应。

④做好厨房产品生产组织。餐饮管理要根据不同餐厅的经营风味，合理安排生产流程，集成和发展烹调艺术，搞好厨房生产过程的组织，保证产品质量。

⑤做好餐厅销售管理。餐饮管理要根据不同餐厅性质、风味提供优良的就餐环境，同时要适时制定销售方案，加强日常促销管理，加强服务人员菜品推销技巧的培训，在满足客人物质和精神享受需要的同时，扩大销售，增加餐饮利润。

⑥做好成本核算与成本控制。餐饮管理要制定标准成本和消耗定额，做好逐日、逐月的成本核算。加强成本控制管理，做好成本考核和成本分析，降低劳动消耗，以此获得更好的经济效益。

2.餐饮管理的基本要求

①掌握客源动态，以销定产。乡村旅游餐饮客源主要是周边城市游客。有特色的乡村饮食可以成为吸引城市游客的重要吸引物。因此，做好客源动态的预估，以销定产能最大限度地保证菜品的新鲜与质量。食物做好后很难保存，因此要求管理人员必须根据旅游淡旺季、节假日变化、天气预报、当地气候、历史资料、市场环境、订餐情况等，做好预测分析。每天、每餐尽可能掌握就餐客人的数量变化及其对菜品品种和产品质量的要求，并据此安排食品原材料的供应和生产过程的组织，从而避免浪费。防止产销脱节，影响客人消费需求和业务活动的正常开展。

②注重食品卫生，确保客人安全。餐饮卫生的好坏直接关系到客人的身心健康，也是保持餐饮形象的重要因素。如果发生食物中毒和疾病传染，不仅会造成重大的经济损失，而且严重影响餐厅的声誉，甚至影响乡村旅游目的地的旅游发展。

③掌握毛利，维护供求双方利益。餐饮经营的毛利率高低直接影响餐饮企业经济效益和消费者的利益，这就要求管理人员区别不同情况，如不同菜式、市场竞争情况等，制定毛利率标准。既要发挥市场调节的作用，又要维护供求双方的利益，既要扩大销售，又要在降低成本上下功夫，要定期检查毛利率结果，根据市场供求关系做出必要的调整。

（二）餐厅楼面管理

餐厅楼面管理同其他行业的管理一样，通过计划、组织、指挥、协调、控制等过程，使所属的部门或餐厅工作人员能协调合作，以达到组织的最终目的。

1.计划管理

餐厅的目标是通过预算、指标、工作标准、操作规程等手段从上级下达到基层，并逐级订出计划，保证目标得以实现。乡村旅游餐厅要根据经营目标来制订相应的计划。餐厅计划主要有菜单计划、营业收入计划、成本控制计划等内容。

2.组织管理

组织管理一方面指建立合理的组织结构，确定各层次、各个部门的划分，继而定岗、定员、定责；另一方面是指根据工作需要合理调配餐厅的人力、物力、财力，最大限度满足销售需要。同时还要合理配备、培训、使用、激励各岗位人员，建立合理的薪酬制度及各项规章制度，通过设定有效的岗位职责与工作流程，能更好地实施组织管理。

3. 指挥管理

指挥管理是指管理人员为了达到既定的目标而有效领导他人的一种活动，包括引导职工最大限度地发挥自己的能力，同时直接或间接激励职工的行动，使之不偏离目标。管理者在履行指挥权时，要尽量克服感情用事，更要杜绝瞎指挥。指挥管理人员以等级链为原则，即管理人员只对本身的直接下级指挥。千万不能越级指挥，否则会造成无所适从的乱局。

4. 协调管理

餐饮各相关部门和谐的配合，使得各项工作或业务活动能够顺利进行。餐厅业务分工不同，如采购、烹调、服务等不同环节、不同岗位，各个环节和不同岗位之间的人员需要密切合作，员工之间的工作不协调及餐厅与宾客、员工与宾客之间的不协调随时都可能出现。因此，协调管理就是对各种不协调的情况进行及时解决，找出问题的关键因素，采用各种措施办法，协调各部门，以保证日常业务的顺利进行。

5. 控制管理

在旅游餐饮中，控制管理是把各个部门的活动约束在本店的经营方针、经营目标和计划要求的轨道上。根据目标和计划来测定实际的施行情况，指出工作中出现偏差的环节，并加以纠正。餐厅通常对以下活动进行控制：数量控制，如采购量、储藏量、资金占用量等；质量控制，如菜肴质量和服务质量；时间控制，如生产速度，服务时间；成本控制，如餐饮成本劳动力成本等；周转率控制，即翻台率。

（三）餐饮安全卫生管理

餐饮安全卫生是餐饮企业经营与发展的重要保障，乡村旅游餐饮在保证乡村特色与服务的同时，必须加强餐饮安全与卫生的管理，才能营造安全健康的就餐环境，保证宾客的饮食安全卫生。餐饮安全卫生管理主要由食品安全卫生、营业场所安全卫生、服务人员卫生等几方面构成。

乡村旅游餐饮企业在制定自己的食品安全管理体系的时候，都应通过分析每个加工过程当中，食品安全危害可能造成不良后果的严重程度及其发生的可能性，来制定具体的控制措施。控制措施应包括基础设施和维护方案、操作性前提方案等。这些是餐饮企业进行餐饮安全卫生管理的主要措施。

在餐饮经营管理中必须考虑用水（冰）的安全、清洁和消毒、人员卫生、交叉污染的预防措施、虫害控制、化学品的管理等方面。供水设施要完好,供水管道系统无逆流和交接现象,供水设施及容器(如盛冰杯)要达到相应消毒要求。严格对所有器具进行全面清洗消毒,餐具清洗消毒池专用,并规定相应的清洁消毒方法。

四、乡村旅游特色菜品开发

(一)乡村旅游特色餐饮开发的原则

1. 乡土特色原则

乡村旅游对于都市人群来说,其吸引力在于乡村的特有魅力,既要保持乡村特有的土味和野味,也要保持乡村旅游特色餐饮的原汁原味,展示乡村本土的特有民俗民风,让旅游者体验到其独特之处。同时,餐饮发展的趋势已逐渐从大众化进入个性化服务的时代。伴随乡村旅游持续推进,乡村旅游的竞争也会日趋激烈,要在竞争激烈的市场中求得生存和发展,就必须寻找和开发具有自身特色的餐饮产品,以区别于其他餐饮实体。

2. 生态原则

从消费者的角度来讲,人们对于餐饮的需求已经从吃得饱转为吃得营养、吃得安全、吃得健康。从餐饮经营的角度来讲,也必须重视餐饮活动对人类生存环境、人类健康的影响。如何为消费者提供绿色、环保、健康的餐饮产品,实现经济效益、社会效益和环境效益的统一,是乡村旅游特色餐饮开发的一个重要原则。

3. 传承与发展原则

乡村旅游特色餐饮开发要遵循保护性的开发原则,要维护好当地的生态资源,防止人为破坏和污染。传承乡村餐饮的饮食文化与特色,并结合当代人们所爱好的饮食特色加以开发。

(二)乡村旅游特色菜品的开发

1. 通过对产品内涵的挖掘来突出特色

在原料的烹饪加工与制作中,近几年来比较流行"精料粗做、粗粮细做"的制作方法。对于乡村旅游餐饮中的绿色原料,如山珍、河鲜等,宜采用"精料粗做",尽量保持其原有风味和营养成分。另外,充分发挥原料"野、绿、鲜"的优势。乡村有独特的地理区域优势来发展绿色经济,餐饮的烹调技艺特别体现在其手工性和天然性，同时与之相适应的是乡村天然本色菜肴的最大特点——古老朴实重实惠，返璞归真讲营养。

2. 开发乡村旅游特色饮食主题餐厅

饮食文化旅游资源具有层次性，有些是特色菜点，有些是家常小菜，有些仅是糕点、小吃。开发出各种档次的餐厅，才能让客人觉得物有所值，才能吸引客人前来就餐。虽然餐厅档次不一样，但都应体现民族及地方特色，才能弘扬和发展各地的饮食文化，也才能把乡村旅游特色餐饮资源真正开发和发展起来。同时要特别注意保持乡村饮食主题餐厅的"自然本味"特征。人们在崇尚自然、回归自然的同时，也着迷于自然本味，乡村饮食也就自然博得了人们的盛赞。如位于热带雨林的海南保亭黎族，其开发的雨林黎家养身主题餐厅，主推养身菜品，将大自然与养身主题很好地结合了起来。

第二节　乡村旅游客房服务管理

一、客房的基本类型

（一）客房概述

客房是饭店的主体，是饭店的主要组成部分，是饭店存在的基础，在饭店中占有重要地位。

①饭店的基本的功能是为客人提供住宿和饮食。从这个意义上说，客房是饭店存在的基础。

②客房是组成饭店的主体。按客房和餐位的一般比例，在饭店建筑面积中客房占70%～80%。我国饭店星级评定标准规定，标准间客房净面积（不含卫生间）不能小于$12m^2$，标准高度不能低于2.7m，要尽量为客人创造一个清洁、美观、舒适、安全的理想住宿环境。饭店的固定资产绝大部分是客房，经营活动所必需的各种物资设备也大部分在客房，所以说，客房是饭店的主要组成部分。

③饭店的等级水平主要是由客房的水平决定的。客房水平包括两个方面：一是客房设备，包括房间、墙壁和地面的装饰、客房布置及客房电器和卫生间设备等；二是服务水平，即服务员的工作态度、服务技巧和方法等。

④客房是饭店经济收入和利润的重要来源。客房收入是饭店收入的主要来源，而且客房收入相对稳定，一般占饭店总收入的50%左右。欧美饭店的客

房收入一般占60%以上。

⑤客房是带动饭店一切经济活动的枢纽。其一，客房管理要开发市场，组织客源，必然与市场发生广泛联系如外出广告推销、拜访客户等，从而有利于掌握市场动向、特点、发展趋势和客人需求变化。其二，客房服务过程与客人的消费过程同时发生，以面对面服务为主，其质量高低必然对客人的心理产生影响。因此，提供高质量高效率和富有人情味的服务可以充分发挥客人宣传的作用而增加客源，引导消费。其三，客房服务与饭店各部门服务相互联系、相互依存。加强客房服务与餐饮、娱乐、前台等部门服务的协调和配合工作，就会提高整体服务质量，增加客源提高酒店设施的利用率。

⑥对整个饭店服务质量有重要影响。客人在饭店的主要生活区域是客房，客房是客人在饭店中逗留时间最长的地方。因此，客房的卫生、客房服务质量、客房的服务项目等对客人有着直接影响，是客人衡量"价"与"值"是否相符的主要依据。所以，客房服务质量是衡量整个饭店服务质量和声誉的重要标志。

（二）客房的基本类型

饭店经营要有自己的特色，而客房的类型是其区别于其他饭店的一个重要的方面，由此，客房类型呈现多样化发展的趋势，如商务客房、会议客房、休闲度假客房、无烟客房、女士客房、儿童客房、残疾人客房、大床间、连通房。在客房类型趋向于多样化的情况下，饭店也逐渐形成了自己的特色，并尽力使客人满意。

1. 单人间

房内设一张单人床的称为单人间。单人间面积一般为 16~20m^2，内设单人床1张，配有沙发、书写桌椅、电视机等家具家电。单人间比较舒适，客房的隐秘性较强，不受外界干扰，房价低于标准双人客房，比较适合从事商务旅游的单身客人用。根据客房的设施不同，单人间可分为无浴室单人间、带浴室单人间、带淋浴单人间3种类型。饭店单人间数量一般不多，且常常把面积较小或位置偏僻的客房作为单人间。近年来随着客房面积和装饰布置的档次变化，单人间也摆脱了传统经济客房的概念。

2. 大床间

房内设一张双人床，另配有沙发、书写桌椅、电视机等家具家电。大床间一般适合夫妻旅游居住；新婚夫妇使用时，称蜜月客房；也可供单身旅客租用。

3. 双人间

房内设有 2 张单人床的客房称为双人间。双人间配有沙发、书写桌椅、电视机等家具家电，其中带卫生间的双人间，称为标准间。双人间一般用来安排旅游团体客人或会议客人或一家人居住，也可供 2 个单身旅游者居住，也可供 1 人居住。有的饭店在大床间供不应求时，可将 2 张单人床合为一张大床作为大床间出租。另外，根据住客要求，客房内可加床，一般加床用的是可折叠的活动单人床。通常情况下，根据客房的设施设备不同，双人间分为无浴室双人间、带浴室双人间和带淋浴双人间三种类型。

4. 三人间

三人间一般是房内设有 3 张单人床，供三位宾客同时入住，属经济房间。目前在旅游饭店中此类房间较少，多以在双人间加一张折叠床的方式以满足三人同住一间客房的要求。

5. 标准套间

标准套间又称普通套间，也称双套间或家庭套间，一般由连通的两个房间组成，一间作卧室，另一间作会客室或起居室。卧室内设有一张双人床或两张单人床，并配有家具家电、卫生间。起居室也可设盥洗室。适合全家人外出度假时住或一般经商人员居住。

套间可用固定的分室隔墙隔离，也可用活动隔离墙隔离。起居室在下，卧室在上，两者用小楼梯连接的套间称为双层楼间。连接套房即连通房，是指两个独立的双人间，用中间的双扇门相通时，一间可布置成卧室，另一间可布置成起居室，作为套间出售；需要时，仍可作为 2 间独立的双人间出租。但这种连通房中间的双扇门上均需安装门锁，关上时应具有密闭的效果和良好的隔音性能。

6. 总统套间

总统套间又称总统房，一般由七间或八间房所组成，包括总统卧室、总统夫人卧室、分用的男女卫生间、会客室、会议室、随员室、警卫室、书房、厨房及餐厅等，有的还有室内花园。房间内设豪华家具、洁具、古董、陈列工艺品等。由于总统套房造价昂贵，房价高而且总统居住的机会也很少，所以该类房间的出租率低。三级以上的饭店设有总统房。总统套间是衡量饭店级别的标志。当然，有能力承受总统套房开支的宾客，同样可以享受总统的礼遇。

7. 特色客房

特色客房是指为突出某一特点而特别设计和布置的客房。许多饭店都推出了些带有创新元素的新型客房。

①主题客房。主题客房具有独特性、针对性、浓郁的文化气息等特点。有的以某种时尚、兴趣爱好为主题，如汽车客房、足球客房、邮票客房、电影客房等；有的以某种特定环境为主题，如监狱客房、梦幻客房、太空客房等；有的以世界风俗为主题，如北京客房、曼谷客房等。还有的饭店如希尔顿集团推出的健身客房和精神放松客房等。

②无障碍客房。无障碍客房是为了满足残疾客人的需求而推出的，房间设有残疾人专用的厕位等。残疾人由于身体上的残疾应该得到饭店的更多关怀。

（三）客房设备

1. 睡眠休息区

睡眠休息区是客房最基本的空间，一般安排在房内靠卫生间一边，不能对着房门及进门的走廊。

①床。床是饭店为客人提供休息和睡眠的主要设备。由于饭店等级和客房的面积大小不同，所以，床的大小规格也有差异。配备何种类型的床与确定客房的种类有密切关系。

以标准间为例，室内放置2张单人床。单人床规格，长为200cm，宽为110cm或120cm。床由床垫、床架和床头软板三部分组成。软板一般与床架分离，床架下安有定向轮。通常床越宽越舒适，档次也越高。床的高度一般在40～60cm。

②床头柜。标准间床头柜应摆放在两床之间，一般为60cm×48cm×55cm，数量为1个，除了供客人摆放小物品外，还放置有电话、小便笺、"请勿吸烟"卡等。控制面板上装有电视、音响、时钟、灯具等开关旋钮，下面通常摆放一次性拖鞋、擦鞋纸（布）、电话簿。随着科技的进步，客房内的很多电器都有了遥控装置，床头柜上的一些控制开关已经失去了作用，因为很多开关集中在一起不易辨认，尤其是在夜间。因此，目前一些酒店已经取消了床头柜上的这些功能，既不在床头柜上安装开关，也不在客房内安装很多开关，而是在床头的墙面上安装少量的总开关，将电器遥控器放在床头柜上，这样就给客人带来很多方便。

③床头灯。床头灯通常安装在床头柜后面的墙上，高度要适中。如果摆放在床头柜上，则床头柜要比较宽大，通常双用的床头柜不宜摆放台灯。

2. 起居活动区

起居活动区主要供客人休息、会客、休闲饮食及观看电视等的区域。标准间的起居活动区一般安排在窗前，主要配备有茶几和手扶椅。

①茶几。茶几摆放在窗前并位于两把扶手椅中间，通常为小圆桌，供客人喝茶及少量用餐使用。茶几上面放置水壶、托盘、茶叶、茶杯、水杯等。

②扶手椅。大多数扶手椅是用布蒙制的软椅，数量为两把，供客人休息或访问用。

3. 书写区

随着饭店服务的发展，客房布置也更加人性化。现在的客房摆放多功能橱柜，用于摆放电视机、影碟机和其他物品，取消墙上梳妆镜，移至壁橱的门上等位置，将写字台独立出来摆放在面前，并配有书报架。写字台的高度为 70~75cm，靠背椅的坐面高度为 40~45cm，靠背的高度为 80~90cm，靠背的角度为 92~98°，使客人使用起来更加方便、舒适。另外，写字台上配有台灯，台灯的大小和样式与写字台相协调。

4. 洗漱区

客房的卫生间称为洗漱区域。

①洗脸盆与云台。传统洗脸盆镶嵌在由大理石、人造大理石或其他材料铺设的台面里，上面装有供冷热水的水龙头。云台的高度要适宜，一般为 80cm，上面可放置各种梳洗、化妆及卫生用品。现代洗脸盆形式多样，根据客房的特色选择。云台旁边的墙壁上通常安装毛巾架、插座，上面装有一面大玻璃镜，并在其旁边配有放大镜，供客人修面和化妆使用。

另外，有的饭店还装有吹风机和电话副机、体重秤等供客人使用。

②便器。客房卫生间的便器大多是坐便器。便器要宽大、低噪声，排污下水道要通畅，高级客房和套房大多在坐便器旁边设有下身冲洗器。

③浴缸。浴缸包括冷热水龙头，并装有淋浴喷头，能固定也可手拿。浴缸底部采用防滑结构。外部一般安装浴帘，既防止沐浴时水外溅，也有保护客人私密的作用。浴巾架固定在浴缸水龙头对面的墙上，用于摆放浴巾及披巾。豪华客房的浴缸往往带有可产生漩涡的水疗装置。有的饭店取消了浴缸，安装了淋浴房，方便了客人淋浴。

（四）客房客用物品

为了满足客人的需求，饭店在客房中会根据客人的住宿需要配备各种设备和用品。通常把客房内配置的供客人使用的各种物品叫作客用物品。

①一次性与多次性消耗品。客用物品按消耗形式划分为一次性消耗物品和多次性消耗物品。一次性消耗物品一次性消耗完毕，一次性完成价值补偿，如茶叶、卫生纸、信封、香皂、沐浴液。多次性消耗物品可连续多次使用，价值补偿在一个时期内多次逐渐完成，如床上布草、卫生间毛巾、水杯、酒具。

②客房备品与客用低值易耗品。客房备品也称客用固定物品或多次性消耗品。这类物品仅供客人住店期间使用，不能被损坏或在离店时带走。客房备品一般包括衣架、卫生间防滑垫、服务夹等。

客用低值易耗品也称客房日耗品、一次性消耗品，供客人住店期间消耗使用也可在离店时带走，如一次性拖鞋、沐浴液、针线包等。

③宾客租借用品。宾客租借用品一般不放在房内，而是存放在客房服务中心，供客人临时需要时借用，如手机充电器、接线板、应急包等。

二、客房接待服务

客房服务质量的高低，直接反映了乡村旅游接待的整体管理水平。

（一）乡村旅游客房服务方面的基本要求

①要能够为客人睡眠、工作、休息提供安全、方便、舒适、美观的环境。
②房门要有窥镜、安全链。
③卫生间要防滑防潮、有地漏，机械通风良好。
④客房用品要数量充足、使用方便，消耗品每床一套，天天更新，成双配套。
⑤要有"请勿打扰"牌、针线包、擦鞋器、文具用品等各种服务用品。
⑥客房卫生每天打扫一次，保持美观方便、整齐舒适、清洁卫生，卫生清理包括清理污渍、毛发、碎屑、水印、灰尘、蛛网等。
⑦客用卫生间要保持干净、卫生，随时消毒、冲洗、清洁，烘干器、肥皂、洗手液、面巾纸、卫生纸要齐全。
⑧客房棉织品要定期更新。

（二）客房服务员的必备素质

1. 对客房部服务员的总体要求

高水平的服务是饭店生存和发展之本，只有不断地提高服务质量，才能赢得更多的顾客及其更高水平的消费。

①礼貌待客。礼貌待客是客房服务质量的重要组成部分，也是对客房部服

务人员的基本要求。具体来说，客房服务员在语言上要文明、艺术，注意语气音调；在举止上要彬彬有礼，讲究正确的姿态。

②讲究效率。在客房的对客服务中，客房服务员能够提供快速准确的服务是非常必要的，如一个人30min要完成客人已退房离开的客房的清扫。

③真诚待客。真诚待客，就是要发自内心，真正为客人着想，关心客人，使客人感到温暖。如果做到了这一点，也就是抓住了最佳服务的实质。

2. 对客房服务员的特别要求

客房部的服务员在言谈举止、礼貌礼节方面都应遵守民俗村对服务员的总体规定。在遵守这些共同的原则之外，客房部服务员还有以下一些需要格外注意的事项。

①应注意创造安静的睡眠环境。不能在客房外大声喧哗、聚众聊天、开玩笑等。答应客人的招呼时不能大声，如果因距离较远听不见，可以点头或是用手势来领会、示意。

②因工作需要进入客人房间时，要先敲门，得到客人许可后方可进入。一般来说，要敲门三次，每次敲三下，每两次之间要间隔几秒钟；在敲门时，还要向客人通报自己的身份，说明自己是客房的服务员；如果敲三次之后客人仍无回应，可以用钥匙轻轻将门打开。

③在客人的房间里，不能随便坐下，即使客人邀请，一般也不要坐下或停留。

3. 优秀的客房服务人员应具备的优良素质

①品行端正，具有良好的职业道德。由于客房服务员所在岗位的特点，客房部的员工会经常出入客人的房间，有机会接触到客人的行李物品，当然也包括些贵重的钱物。如果没有良好的道德品质，就可能出现利用工作之便顺手牵羊拿走客人物品的情况，就会给饭店的形象与名誉带来不可估量的损失。

②工作态度好，踏实认真，吃苦耐劳。客房部的主要工作就是清洁卫生，如客房卫生、卫生间的卫生等。因此在客房部工作的员工必须不怕脏，任劳任怨，具有吃苦的精神。

三、客房安全管理

外出旅游的人们最基本的要求是舒适愉快、安全。客房是客人在饭店逗留期内最主要的生活基地，也就是客人在暂居期内的家，客人对客房的安全期望更高。饭店对客人负有的特殊责任，就是使他们免遭人身的伤害，保护他们财物的安全，还要保障客人心理上的安全感，即客人入住后对环境、设施、服务的一种信任感。所以，客房的安全状态应该是一种既没有危险也没有可能发生危险的状态。要达到这样的一种状态，在客房设计上和在设备用品的配置上以及在服务与管理工作中，就要充分考虑到保证客人在客房居住期内的各种安全问题，并以具体的措施、制度及程序加以保证和落实。

（一）客房安全概述

1. 客房安全的含义

安全是指没有危险、不受威胁、不出事故。客房安全是一个全方位的概念，主要包括员工和饭店的安全、客人的心理安全、财产安全和人身安全。客房安全具有以下三层含义。

①客房区域应保持良好的秩序和状态。客人、员工的人身和财务及饭店的财产安全不受侵犯。

②客房区域应当处于一种既没有危险也没有可能发生危险的状态。如果客房存在一些不安全因素，又没有相应的防范措施，即使暂时没有发生事故，也不是真正意义上的安全。如客房内的电源插头损坏、电线裸露、浴缸无防滑措施、热水龙头过于敏感、客房的门锁没有及时修好、钥匙管理混乱、安全通道堵塞、安全门方向无指示标志、违法犯罪分子混入、地面湿滑等。所有这些因素都可能会在一定的条件、一定的场合、一定的时间内突然引发危险，造成人身伤亡和财产损失。因此客房安全是指不发生危险及对潜在危险因素的排除。

③客房安全不仅包括事实安全，也包括心理安全。事实安全是指不发生并且不可能发生危险的安全状态。心理安全则是指宾客对饭店安全程度的一种心理感受。心理安全是由事实安全引起的。宾客对饭店有着心理安全感是饭店安全状态长期稳定的结果，而失去安全感也必定是由于饭店的某些事件引起的。一个控制有效、秩序井然的饭店，宾客是不会有心理负担的，不安全的心理感受也就无从产生。反之，对于经常发生不安全事件的饭店，宾客心理上当然不可能是踏实的。事实安全和心理安全有着因果关系，但有时两者并不统一。在同一时间状况下，如客人感到安全的时候，却并不一定是饭店最安全的状态。事实上，刚发生过不安全事件的饭店，往往是最安全的，因为这时饭店必将从各个方面加以改进，防止再犯，然而宾客却心有余悸，不安全的心理感受难以消除。由此可见，不安全事故发生对饭店带来的危害，不仅仅是事故本身所造成的损失，更严重的是事故发生后一段时间内所带来的影响。

2. 客房安全设施配备

（1）客房安全设施配备的原则

为了保证客人在客房内的生命财产的安全，饭店应在客房和公共区域内配备各种安全设施。这些设施的配备，一定要遵循安全第一的原则。在装修时，就要考虑到材料的安全性能，不使用有毒、有污染、易燃的材质；在采购时，布料、地毯、家具应具有防燃性；浴室应具有防滑性；房门应具有防盗功能和自动报警系统等。饭店工作人员要定期检修这些设施和系统，及时排查隐患，确保客人使用安全。

（2）客房安全防范设备设施的配备

饭店常用的安全设施包括由多类警报器组成的自动报警系统；由摄像机、录像机、电视屏幕组成的电视监控系统；由多类火警报警器、防火门等组成的消防监控系统。客房部的工作涉及饭店的各个区域，是饭店安全工作的重点所在，所以，有必要对整个饭店的安全设施配备情况有一个基本的了解。

①安全报警系统。客房安全报警系统是由多种警报器组成的自动报警系统，其目的在于防盗、防火等。

②消防监控系统。火灾是饭店安全的最大敌人。虽然火灾的发生率很低，但现代饭店大都为高层建筑，一旦发生火灾，仅靠消防部门的救火能力和救火高度是不能迅速扑灭大火的。因此，有关部门明确规定，饭店必须要建立自己的消防监控系统。消防监控系统一般由火灾报警器、灭火设施和防火设施组成。

③电视监控系统。电视监控系统是饭店安全设施系统的重要组成部分。它是由摄像镜头、控制器、监视器和录像机等组成的闭路电视系统。通过设置在客梯、各楼层的电梯口、楼层走道、贵重物品集中地的摄像头组成的闭路电视监控网，电视监控人员可以从屏幕上发现可疑的人、事、物，达到监视和控制作用。如果发生意外情况，监控中心可立即通知有关人员前往解决，这样既减轻了保安人员的负担，又大大提高了饭店处理问题的效率，还可以发现不法分子和可疑分子，及时做好防范措施，以确保客人和饭店的人身、财产安全。特别是对于建立客房服务中心的饭店，电视监控系统是必备的安全设施。

④通信联络系统。通信联络系统是保安部开展安全保卫工作网络化的重要手段，主要用于保安部、安全监控中心、保安巡逻人员在各个岗位上相互保持通信联系，即通过电话、对讲机、手机等通信器材而形成的联络网络。这个网络系统可以使饭店的安全工作具有快速反应能力，对保障饭店与客人的安全起着十分重要的作用。

（二）防火与防盗工作

客房安全工作主要分为六个方面，简称为六防，即防火、防盗、防伤害、防病传播、防恶性事件、防违法活动。以下主要分析防火、防盗和各种事故的处理问题。

1. 火灾的处理程序

火灾是直接威胁着饭店工作人员和客人的生命及饭店的建筑和财产的突发性灾难之一。火灾的发生将使饭店在声誉及资产上付出沉重的代价。火灾发生率虽然很低，但由于后果严重，饭店不得不认真对待，安装防火设施，同时制定出一整套完整的预防措施及处理程序，防患于未然。

（1）火灾发生的原因

①由吸烟或烟头引起的火灾。据统计，在饭店火灾中由抽烟或烟头引起的火灾发生率占居首位。客人在酗酒后抽烟或抽烟时睡着、客人在禁烟区抽烟以及随地乱丢烟头等都极易引起火灾。

②电器设施出现故障、客人使用电器不当引起的火灾。电器设备线路连续超时、越限使用引起自燃，客人私拉乱扯电源、随意增设电器，在电器上覆盖易燃物品，这些都会引起火灾。

③饭店消防设施配备不到位、消防管理不善引起的火灾。饭店对火灾危害认识不足、存在侥幸心理、疏忽大意，都有可能引起火灾。此外，饭店消防设施数量不足或者设备老化，可能导致火灾发生后不能进行及时有效的扑救，给饭店和客人造成更大的损失。

④饭店施工过程中，作业不慎引起的火灾。施工作业中违规作业、现场管理不规范是导致火灾的重要因素。此外，饭店里小孩玩火、厨房用火不当等也可能引起火灾。

（2）火灾预防及措施

①加强职工培训，增强防火意识。客房部都应组织员工学习饭店制定的防火手册，并制定防火安全条例，建立防火岗位责任制，明确各岗位员工在防火、灭火中的职责和任务；教会他们如何及时发现火情和报警，遇有火灾发生时如何使用防火、灭火设备及平时对这些设备的维护和保养；当火灾发生时如何镇定地疏散客人以及重要的财产如何保护和安置，如何在日常工作中正确执行操作规程以防止火灾发生以及如何向客人宣传防火知识；可定期举行消防演习等。

②建筑装饰中要安装必要的防火设施和选用阻燃性能的材料。客房要配备有效的消防设施用品，如防火门、安全通道、自动喷水灭火装置、烟感报警器等。

同时，对家具、布件等物品应选用具有阻燃性能的材料。

③对住店宾客加强防火宣传。在每间客房内，要有防火宣传材料，如《防火手册》《防火须知》等；向客人介绍客房内的消防设施，并提醒客人在室内吸烟和使用电器设备时，要注意安全防火；在房门后张贴一些防火宣传图例；一般情况下，客房还备有《旅客须知》宣传册，向他们介绍一旦发生火灾时，撤离的方法和路线。

④日常的防火管理工作。配合保安部定期对重点位置进行全面检查，如紧急出口是否畅通，防火门是否有效，报警、灭火设施是否良好等；发现客人使用电炉、电饭锅等设备，要及时提醒、阻止；发现楼面和客房有易燃、易爆物品，要及时清扫、处理；注意检查房内电器、电线和插头等有无短路、裸露、漏电现象，如若发现，要及时报修；对酗酒过度或吸烟和烟瘾大的客人，要格外加以关注；对带电、带油在客房进行维修的作业人员，要及时提醒注意防火；对发生故障的清洁设备，要及时报修，以防短路或漏电而发生火灾；制定火警时的紧急疏散计划，包括如何引导客人疏散、保护重要财产等。

2. 盗窃事故的处理程序

客房内拥有大量的设施设备和各种高档物品。这些设施设备和物品为饭店正常运行、服务及客人享受提供了良好的物质基础。这些设施设备和物品，每天有员工或客人接触使用。对这些财产及物品的偷盗及滥用都将影响到饭店或客人的利益。因此，防盗工作是饭店安全控制与管理的重要内容。盗窃主要包括外盗、内窃、内外勾结、客人自盗等形式。一般情况下，为了保障饭店及客人的财产安全，饭店必须采取安全管理与控制措施。

（1）员工偷盗行为的防范与控制

员工在日常的工作及服务过程中直接接触客房各类设备与物品。如果这些设备可以供个人家庭使用或再次出售，很容易诱使饭店个别素质不高的员工产生偷盗行为。对于这个问题，饭店应采取一系列的切实可行的措施加以预防。

在防范和控制员工偷盗行为时，应考虑的一个基本问题是员工的渎职与道德水准。这就要求在录用员工时严格把好关，进店后经常进行教育并有严格的奖惩措施，应在员工守则中写明并照章严格实施。对有诚实表现的员工进行各种形式的奖励及鼓励；反之，对有不诚实行为的员工视情节轻重进行处理，甚至开除。思想教育和奖惩手段是相辅相成的，只要切实执行，是十分有效的。

另外，还要通过各种措施，尽量限制缩小员工进行偷盗的机会及可能。例如，员工上班都必须穿工作制服，佩戴号牌，便于安全人员识别；在员工上下班的进出口由安全人员值班检查及控制员工携带进出的物品等。

（2）客人偷盗行为的防范与控制

由于饭店设备物品的高档性、实用性，饭店住店客人也容易产生偷盗行为，虽然客人的素质一般较高，但受到诱惑也不乏情不自禁者。住宿场所配备的客用物品如浴巾、浴衣、办公用品、日用品等一般都由专门厂家生产，档次、质量、式样都较好，客房内的装饰物及摆放物（如工艺品、字画、古玩等）也比较昂贵和优美。这些物品具有较高的使用价值、观赏价值和纪念意义而容易成为住店客人盗取的对象和目标。

为防止这些物品因被盗而流失，可采取的防范控制措施有：可将这些有可能成为住店客人盗取目标的物品，印上或打上饭店的标志或特殊标记，这能使客人打消偷盗念头；有些使客人引起兴趣、想留作纪念的物品，可供出售，这可在《入住须知》中说明；客房服务员在打扫房间时，应认真检查房间内的物品，如发现有物品被偷盗或设备被破坏，应立即报告。

（3）外来人员偷盗行为的防范与控制

①不法分子和嫌疑人员的防范与控制。要加强人员控制和楼层走道控制及其他公共场所的控制，防止外来不良分子窜入作案。

②外来公务人员的防范与控制。饭店由于业务往来需要，总有一些外来公务人员进入饭店。这些人员包括外来送货人员、修理人员、业务洽谈人员等。应规定外来人员只能使用员工出入口，并经安全值班人员弄清楚情况后才能放行进入。这些人员在完成任务后，也必须经员工出入口离开。保安人员应注意他们携带出店的物品。楼层内的设置、用具、物品等须带出店外修理的，必须具有饭店经理的签名，经安全值班人员登记后，才能放行。

③房客的防范与控制。饭店的客人因业务需要经常接待各类访客，而访客中也常混着不良分子。他们在进入客人房间后，趁客人不备而顺手牵羊，带走客人的贵重物品或客房内的高档装饰品及摆设物；他们也可能未经客人同意，私自使用客房内的付费服务项目，如打长途电话甚至国际长途等。

此外，楼层应尽量避免将有价值的物品（如楼层电话等）放置在公共场所的显眼位置，并应对安放在公共场所的各种设施设备和物品进行登记和有效管理。

（三）其他安全事故的处理程序

凡是可能导致客人伤害的任何不安全因素都应严格控制和防范。

1. 客人遗失物品的处理

客人在离店时，有时会把物品遗落在客房里。客房部应遵照一定程序，妥善处理这些物品。客房部履行客人遗留物品处理的职责有以下几个方面。

①饭店员工发现客人的遗留物品，必须将物品如数交到客房部，如若违反，严肃处理。

②服务人员如在客房发现客人遗留的重要物品时，应立即通知客房部中心和前台收款处。若客人尚未离店，经核对后，将物品归还客人；若客人已离店，客房服务中心设遗留物品登记本，将物品的发现地点、发现时间、名称、数量、质地颜色、形状以及服务员的姓名等情况详细登记在案，并设柜存放以待客人认领。处理客房遗留物品时要判断究竟是客人扔掉的还是遗忘的。一般认定下列物品为客人遗留物品：现金、珠宝首饰；身份证件；具有文件价值的信函和物件；留在抽屉或衣柜内的物品；仪器零件和器材等。

③如失主前来认领遗留物品，应认真核实其证件及物品的具体情况，确认无误后，客人须在遗留物品登记本上签名，方可将物品交给客人。

④如果客人委托他人带领，一定要查验委托人身份证、委托说明书及其他有效证件，防止冒领。

⑤如果客人希望将物品邮寄给本人时，客房部应予以办理。其邮费费用应根据具体情况来决定是由客人承担还是由饭店承担。

⑥遗留物品保存到饭店规定期限（3个月或半年）仍无人认领时，可按饭店有关规定处理。

2. 食物中毒处理

食物中毒是指由于客人进食了被细菌、细菌毒素或有毒的化学物质污染的食物而引起的急性疾病。食物中毒人员常出现恶心、呕吐、腹痛、腹泻等急性肠胃炎病症。

①预防客人食物中毒现象，饭店应负起主要责任。从采购员到收货员、仓库人员、厨师都要把好卫生关，确保食物卫生安全。

②发现食物中毒，应立即通知医生进行紧急救护，餐饮部应对客人所用的食品取样品备检，以确定中毒原因，并通知当地卫生防疫部门。

③前厅部和销售部要通知中毒客人的有关单位和家属，并协助做好善后工作。

3. 客人违法处理

客人违法是指客人在住店期间犯有流氓、斗殴、盗窃、嫖娼、赌博、走私、吸毒等违反我国法律的行为。发现违法情况后，保安部值班人员应立即问明当事人的姓名、性别、年龄、身份、房号等，以及事情的时间、地点、经过，并立即向值班经理汇报；值班经理接到报告后，应立即派保安主管和警卫人员到现场了解情况，保护和维持现场秩序。对于严重的事件，保安部经理要亲自到现场调查，同时向值班总经理报告，在必要情况下需要向当地公安部门报告。此时，保安部人员应对违法人员进行合法监控，等待公安人员前来处理。事件处理完毕后，保安部要详细记录备案。

4. 防爆处理

防爆就是指人为的爆炸破坏事件。随着国际恐怖分子活动的猖獗，防爆也成为饭店工作内容之一，因此饭店要制定相应的措施预防此类恶性事件的发生。

①饭店应明文规定，严禁客人携带易燃、易爆、剧毒、具有腐蚀性和放射性的危险物品带入楼层，如果发现应及时处理，严重的报告公安部门。

②饭店不得存放任何危险品。

③饭店应教育员工学习防爆知识，制定防爆方案，进行防爆演习。

④对于发生爆炸后的现场，要立即组织人员保护现场并通知公安机关，等待防爆人员前来处理。如果有人员伤亡，应协助医生进行救护。

⑤事故处理完毕后，要做出详细的报告并存档。

第六章 乡村旅游规划与旅游项目设计

乡村旅游规划的精髓在于"乡村性"的营造与展示，它以设计具有地域特性的乡村旅游产品为核心，并用各组成要素给予烘托、强化，形成鲜明的主题。本章主要对乡村旅游规划与旅游项目设计等方面内容进行系统阐述。

第一节 乡村旅游规划创意

一、突出"农"字

（一）体现农耕文化

传统的农耕文化是以田园环境与乡村生活氛围来展示的。这也是乡村旅游规划中所体现的农耕文化精髓。

（二）强化乡村氛围

1. 种植色彩田

种植色彩田就是要考虑到农作物的颜色进行种植，一些美学素养较高或色彩感较强烈的种植者会选择这种方式种植。例如，代表万物复苏的绿色的麦苗，代表硕果累累的金色的向日葵，还有夏天的荷花、水稻等。

农作物有着大自然所赋予的自然色，将这些农作物按照颜色进行种植就好像在农田中完成一幅美丽的画卷，为游客展示色彩斑斓的田园风光。在国外，这种充满艺术性的农田"画作"深受广大游客的喜爱。

2. 品尝农家饭

除提供地方饮食外，花卉农园可推出各类花卉食品，如葵花冰激凌及各种口味的花茶饮品。以香草为主题的餐厅推出用香草调味制作的薰衣草鸡丁饭、香茅烤鲈鱼和香草冰激凌、香草沙拉、薰衣草饼干及香草茶等主副食品。

果园更是开发品尝活动的主要场所，如葡萄公园中的葡萄酒、葡萄果汁、葡萄冰淇淋的品尝。

3. 游览农园

游览农园是乡村旅游中最具有农家色彩的一项活动，游客们不仅可以尽情地观赏各种果园、菜园、养殖园，还能亲自参与到采摘活动中体验采摘的乐趣。另外，农园还可开放各种体验项目基地，让游客在劳动的同时也能有其他乐趣的体验。比如，建造园艺作坊，游客可以再次学习园艺劳作、插花；建造手工艺作坊，游客可以制作陶艺等手工艺品；建造农活体验园，游客可以进行各种劳作体验，捉泥鳅、挤牛奶、挖地瓜等。

（三）展示农业科技成果

农业科技成果包括先进的生产技术和各种各样新型的农作物。此外，人们还可以参观有机菜园、果园以及种苗培养基地，通过展示种苗的品种选育、培养过程、生产过程，进一步加深对现代农业科技的感受，认识到现代农业生产与以往的不同。

二、营造生态

（一）仿生态

仿生态即学习、模仿乡村的自然环境、自然物。如乡村停车场，可设计成"麦秸垛"，使停车场呈现"麦场文化"；可设计成拱顶绿坡，使乡野大地呈现起伏之美；也可荫蔽于豆棚瓜架之下。

在乡村自然景区中，人们常用我国传统的造园方法，体现人与自然的和谐。而在休闲农场或主题农园中，人们则模仿乡村自然物，突出主题。如张妈妈有机竹笋园，以笋片造型为椅背，设计成高低不同、六座一组的竹笋造型座椅。崩山湖杨桃休闲园区，以多个杨桃的造型形成高柱，并模仿其由绿渐转黄的层次变化，入口处设计杨桃状标示牌。内城鼻仔头圳，以游鱼的弧度作为桥的造型，并在桥身及桥侧按鳞片排列的形态铺面。

（二）创生态

创生态，多用植物或高科技作指导。如深圳光明农场生态旅馆的设计和北京平谷太阳能新居。

光明农场生态旅馆的设计是为了达到健康舒适、环保的目标，运用生态学理论对生态旅馆整体环境进行森林保健旅游区的人工模拟。将树木、花草、山石、水景等自然要素引入生态旅馆内外空间，布置在建筑物周围大厅、阳台走廊等各个地方，在乔木和藤本植物的掩映下，还有蕨类植物及多种观叶植物。高大葱郁、郁闭度高的湿地松，含有大量对人体有益的挥发物；木兰、华南忍冬、桃金娘、美人蕉等植物分泌出如酒精、有机酸和烯类等挥发性物质，可杀死细菌、真菌；紫薇挥发出的芳香类物质能有效杀死白喉杆菌和痢疾杆菌；夜丁香、九里香的香味可以驱蚊；海桐树可以吸收空气中的氟化物；石榴花能降低空气中的含铅量；柳树、夹竹桃、女贞可以吸收二氧化硫；菊花可以治感冒……花木的香气也可以舒缓高血压、动脉硬化、气喘和神经衰弱等症状。通过选择这些具有不同生态功能的植物，形成立体绿化和设置水体等生态手段，建成具有岭南特色，适合人居环境，兼具景观效果和生态效果的森林生态型庭院。

北京平谷是全国著名的"大桃之乡"和果品生产大区，有"京东绿谷，世外桃源"的美誉，同时平谷还是北京市新农村建设的重点城区，一些较先进的新能源技术从这里开始推广，其中太阳能新居项目就是重要规划项目之一。在太阳能新居规划的过程中，平谷首先确立了四个试点村，分别是将军关、玻璃台、挂甲峪和南宅。平谷将这四个试点村的近340户住宅全部改用太阳能供热系统，并在基础设施的配置上尽量满足功能齐全的现代化的生活条件，打造一个以旅游接待为主的服务型农村。

北京平谷的40多栋新民居造型具有浓郁的民族风格，屋顶上的太阳能集热器与屋顶完美结合，不仅在视觉上美观大方，在实用性的角度上也更加节能省电。热水系统一般将太阳能主板放置在屋顶上方，用来接收太阳能，将不锈钢水罐放置地下，用来储存热水，其余各连接管路遍布屋内墙体各处，形成一个闭合的环路。无论是在白天还是晚上，都有充足的热水进行输送。除此之外，这套系统还考虑到北京的冬季和阴雨天等情况，提供了电辅助和薪柴保障两套供能系统，利用村民炒菜和做饭所发出的能量为太阳能系统供能，以保障热水的供应。

第二节 乡村旅游规划格局

一、宏观布局

乡村旅游的总体布局，是指在一定的区域范围内，从强化乡村旅游主题出发，合理安排已确定的项目，最终形成科学合理的空间结构，促使乡村旅游活动在空间上循序扩展和乡村旅游经济、社会、环境、文化相协调。

乡村旅游规划中的总体布局分为三个层次：宏观布局、中观布局和微观布局。宏观布局，是乡村旅游发展在空间上的总体轮廓和部署，它取决于外部条件、资源、市场、特殊优势等。中观布局，主要确定各乡村旅游区在地域空间内部的配置与部署关系，通过集聚与均布、联结与疏离、优先与兼顾等关系的战略抉择，形成内部结构布局。微观布局，是在具体分析各点的潜力和制约的基础上，研究点与点、点与中观或整体的相关性，通过比较与调整，使全区各点形成性质分类、功能分区、成组布局、整体最优的多维网络结构。

相关人员在研究江苏沿江乡村旅游发展时提出，江苏要重点围绕三类旅游主体（以国际游客以及在长三角地区工作的外籍人士、高级商务人员和白领等为主要的客源群体，以长三角地区城市居民等为主要的客源群体，以学生和青少年等为主要的客源群体）打好"生态牌""乡土牌"和"农教牌"。

沿江农业旅游的区域布局为以长江为主线，建设沿江"一圈两区"农业旅游带。

"一圈"，即南京都市农业旅游圈。以南京为中心，包括南京郊县句容、仪征等周边市县，依托富有特色的乡土农业资源，结合当地充满乡土气息的民俗文化节日，推广周边农村产品和文化，开发各种民俗产品，吸引市民回归自然。开展沙洲农家乐、森林度假避暑疗养等活动，形成"春观梅花、夏摘葡萄、秋品螃蟹、冬尝芦蒿"的旅游品牌。

"两区"，即镇扬泰农业旅游区和江海农业旅游区。前者以长江大桥为纽带，跨长江两岸，涵盖镇江、扬州、泰州三市，其有利的地理位置，开发各种观光旅游区，如果园、菜园、茶园、渔区等，并在旅游区内提供多种休闲活动服务，让游客能够种植采摘、品尝购物，还可进行一定的科普教育。在长江南岸，重点发展以南山、宝华山、高资美人谷为重点的森林生态旅游和以世业洲、江心洲、新民洲、雷公岛为重点的长江风情游。在长江北岸，加快开发三江营中华水景园、霍桥生态农业园、引江河观光农业带、高港花卉园艺中心等一批重点项目，形成集古代文化、自然生态和农艺休闲于一体的休闲农业观光产业带。江海农业旅游区涵盖太仓、张家港、海门、通州、武进等市县。在开发上，本区应充分发挥毗邻上海、旅游景区集中、农村城镇化水平较高等优势，利用充分的旅游资源，认真规划，努力建造一批富有鲜明特色、品位高端、科技含量高的乡村旅游观光景点，沿长江水域规划开发以岛屿沙洲度假、森林生态观光休闲、江海渔村民俗游等为主题的休闲度假活动，建成海内外游客及上海、苏州等地市民的休闲度假基地。

二、中观布局

以山东省滨州市乡村旅游布局为例。

滨州一直是山东省的粮棉大市，全市已形成粮油、棉花、畜牧、林果（冬枣、金丝小枣、鸭梨、苹果、蜜桃、水杏等）、水产、蔬菜、食用菌、桑蚕等八大主导产业。滨州市传统文化形式丰富多彩，民俗民风风格独具，发展观光农业旅游的前景非常广阔。

依据滨州市不同区域的资源优势和产业特色，围绕发展观光旅游农业，按照点、线、园、区相结合，功能配套齐全的基本思路，发展观光旅游农业。以一个中心，总揽一山、一水、一河、一滩、三长廊，带动总体发展，构筑起全市观光旅游农业布局框架。

①一个中心，即强化滨州农业大市这个中心的整体功能，发挥其辐射带动作用。市区内，突出碧水、绿地、蓝天的城市特色，在绿化、美化、净化上下功夫；在城郊接合部开挖环城人工河，在人工河两岸植树种草，形成环城绿化风光带；发挥近郊农业的优势，加大科技投入，把近郊农业逐渐发展成为休闲、观光、体验、娱乐为一体的城市农业。

②一山，邹平鹤伴山国家级森林公园。以山为媒，以鹤伴山公园景区、景点建设为基础，带动这一区域观光旅游农业的发展。

③一水，即博兴麻大湖。以湖兴业，以开发自然风光为主题，辅以古朴豪放的人文景观，重点突出湖心公园、陆上董永公园和观赏民间风土人情三项内容，带动县域观光旅游农业的发展。

④一河，即黄河。以河兴滨，在黄河两岸及引黄灌区植树种草，逐步形成可供观赏的绿色风景带及生态长廊；在引黄灌区利用水利条件较好的优势开发建设可供观赏的优质、高产、高效农业区，高科技示范园、蔬菜园、林果园和水产养殖场，把引黄灌区建成特色农业基地。

⑤一滩。即滨州沿海滩涂。以滩引游，滨州海岸线长达238.9千米，滩涂荒碱地约1.34平方千米。以沾化温泉度假村为核心，开发建设现代休闲娱乐区，以无棣沿海滩涂及岛屿为基础，开发建设海洋生态农业、观光旅游基地。

⑥三长廊，即205国道、220国道和庆淄路。205国道、220国道和庆淄路是滨州国民经济的主动脉，是连接市区内外的纽带，也是观光旅游农业的主干线。通过大力发展名特优特色农业及高产高效等观光农业，把主干线建设成为特色农业通道、绿色农业通道和生态观光农业长廊。

三、微观布局

（一）深圳光明农场农科大观园

深圳光明农场农科大观园位于深圳市西北部，总面积55.8平方千米，拥有31平方千米的森林，大面积的果园和牧草、蔬菜园地。离广深高速公路3千米，到福永码头12千米。园内有晨光现代化奶牛示范场，占地27 000平方米（可参观了解现代化奶牛生产的全过程），另建有生态酒店、滑草场及滑车场、钓鱼场等各种休闲度假设施。

园内活动内容的规划，突出"人无我有，人有我特，人特我精"的原则，主要体现"示范推广、市场供应、科普教育、生态休闲"四大功能，形成了观、玩、吃、购、住的一条龙服务体系。为此，园区主要规划了农耕文化园、精制农业园、无公害蔬菜园、有机蔬菜实验园、水栽培种植园、现代化温室蔬果生产园、农产品开发克隆中心、昆虫世界馆、特种珍禽养殖场、蚕桑基地、宝岛精品果园、万果采摘园、名优水果展览园、华南珍稀植物园、亚热带市花、樱桃观光园、绿海甜园水果廊、市民农庄等。

为合理布局上述项目，该园区分为七个功能区：动物养殖区、果树种植观赏区、居住休闲区、花卉桑蚕区、高科技农业展示区、户外运动区和购物区。构建了四个旅游区：种植区，它包括太空茄子种植区、各种瓜果区等以观光为主的景区；养殖区，包括大宝鸽场、园区内的鱼塘、花果场；高科技胚胎工程展示区，包括各城市的市花、奇异的珍稀动物展示厅；博物馆农具展示区，主要展示不同时期的农具、农产品、耕作模式度假区，以生态酒店为主建筑，包括附近的被保护植物区及休闲娱乐设施。

通过规划建设，数万亩人工草地让游人有身临绿海的感觉；分布在数十个饲养点的上万头奶牛，全封闭的厂房、全自动的生产线，让游人大开眼界；万亩荔枝园，春天让游人沐浴花香，夏天让游人品尝鲜果。

（二）世界名梨大观园、葡萄大观园

世界名梨大观园和葡萄大观园是北京果品业发展的重点农业观光项目，在观光果园的规划整体中，秉承经济性、文化性、参与性以及生态化的规划原则，对园区进行功能定位。首先，世界名梨大观园和葡萄大观园以梨和葡萄为传统文化线索，贯穿着整个京味文化内涵；其次，世界名梨大观园和葡萄大观园将我国古典园林的造园手法与现代设计手法相结合，创造出兼具视觉性和功能性的园林景观，成为带动郊区农业产业结构调整、开展产业化经营的示范园区；最后，世界名梨大观园和葡萄大观园在科研技术方面非常重视高新技术、新优品种的研发、示范和推广，因此，也承担着科技示范推广的功能。综上所述，世界名梨大观园和葡萄大观园既是集观光、休闲、科普、教育于一身的旅游农业基地，也是果品贮藏、销售、信息服务的中心。

世界名梨大观园主要以园内现有的苗圃办公楼地区和5个种植区为基础，全园规划布局可以归纳为"一轴九区"的结构。"一轴"：沿东西向、长800米、贯穿几个种植区的一条景观大道。"九区"：综合服务区、梨文化展示区、砂梨品种展示区、西洋梨品种展示区、白梨品种展示区、新品种引种试验示范区、秋子梨品种展示区、休闲游憩区和果品储藏区。梨文化展示区是洋、砂、秋、白梨四大系统品种及种间杂交梨系统和野生种介绍的展示区域。每个分区用各种果树做分隔，栽植大量奇特、名贵珍稀的树种，突出景观效果，并设计有梨祖台广场、梨果作坊。砂梨品种展示区主要以展示棚架和平面网架栽培、重力滴灌和渗灌的栽培方式为主，收集展示砂梨系统品种，介绍砂梨的特征、品种、起源、分布、生长、食用方式、营养成分、医疗价值等科学文化知识。

葡萄大观园是展示葡萄品种、葡萄栽植、葡萄文化为主体的园林式旅游观光园。全园共分入口区、服务接待区、科普展示区、特色品种展示区、精品展示区、种植体验区、休闲娱乐区、种植采摘区和引种区。

入口区的青藤居是出售一些与葡萄有关的字画及其他旅游产品的场所。服务接待区的葛荫居以展示盆栽葡萄为主，而秋爽斋则是一年一度举办中秋葡萄节的场所。科普展示区专为儿童及青少年准备，具有科普教育等功能。特色品种展示区是葡萄架式的大观园，园内的丽晶苑是露天茶座休息地及葡萄品尝地。精品展示区，又名"琳琅珠玉苑"，就是将自然状态下的花岗岩精心雕刻成葡萄的样子，完美呈现出了葡萄的玲珑剔透。种植体验区，顾名思义就是专门种植果品的地方，并且此处并不是只种植葡萄这一种水果，其他水果和蔬菜也都有种植，游客在这个地方不仅可以亲身体验到种植、采摘水果和蔬菜的乐趣，还能拥有更多农耕生活的经验。休闲娱乐区包含多处景点，有葡萄酒坊、锦鲤池、迷宫、漪翠亭等，不仅可以体验现场制作葡萄酒与葡萄汁的工艺流程，还能享受京味文化的特有氛围，感受不一样的葡萄乐园，种植采摘区作为果园的基本用地，可以通过观察葡萄颗粒的色泽和成熟状况进行不同品质的划分。引种区是引进和驯化优良品种的区域，一般优良的葡萄品种通过引进、选育和繁殖都可以进行生产和推广。

第三节 乡村旅游规划项目设计

一、村寨旅游规划项目设计

村寨是乡村旅游的重要载体，而拥有独特的自然环境，与自然和谐的生产生活方式、原生民族文化的自然村落更是乡村旅游的首选地。这类村落长期以来远离现代文明的影响，原生态文化得以传承至今，是人类发展中宝贵的文化遗产，也是脆弱性强的弱势文化，易受到外来文化的冲击而弱化或消失而失去吸引力。保护、传承、展示与发展成为这类乡村旅游地规划与开发的核心词。

旅游村寨开发与规划范围可以是独立的村寨，而有的则涵盖了整个自然村，构成了村寨群落，其规划项目设计内容包括民居建筑、历史遗存、生产方式、生活习俗、文化艺术、宗教信仰与村落景观点、旅游线路设计等。开发规划的优势在于特有的自然生态环境和与环境相适生的原生态的文化，而规划的难点是如何处理保持自然生态环境原貌、传承传统民族文化与旅游发展，把握适度开发的准则；如何协调政府、旅游开发商与村民之间的利益关系，使社区整体受益，特别是弱势群体受益；如何使自然生态与民族文化的保护与开发成为村民的自觉行动而保持民族文化村的持久吸引力；如何策划对游客产生强大吸引力的特色旅游产品等。接下来我们通过案例来进行说明。

（一）贵州贵阳高坡

高坡位于贵州省贵阳市东南隅，距花溪区和贵阳市政府所在地的距离分别为31千米和50千米，南连惠水县，东北接龙里县民主乡，西邻花溪区黔陶乡。

1. 资源特色

以喀斯特高原台地草原、喀斯特峡谷自然风光与民族风情作为其旅游资源与旅游业的总体形象。区内有溶洞、天坑、漏斗、竖井、峡谷和峰丛等多种喀斯特地貌类型，气候特点是雾多、风大，夏季凉爽；灾害性天气有倒春寒、秋风和凝冻等，南端的甲定一带气候温暖，有高坡"小江南"之称。高坡云顶和龙里草场是夏季避暑和城郊休闲旅游胜地。

高坡居住着汉、苗、布依等民族，部分苗族服饰以白色为主，旧称"白苗"。"射背牌"习俗为高坡苗族的一大特色。高坡是民族风情浓郁、田园风光秀丽的旅游之乡，田园风光、万亩草场、民族节日是旅游产品的核心吸引物。

主要的旅游资源有：高坡红岩大峡谷、石林、笔架山、蛤蟆洞、摆弓岩瀑布、云顶草场；高坡红军标语、灵应寺、天主教堂；甲定苗族洞葬、苗族服饰及其节庆活动等。

总之，高坡旅游资源的搭配较好，具有瀑布、生物多样性、高原台地与屯堡、洞葬、民族风情的整合优势；民风淳朴，具有良好的社会文化氛围；地处贵阳市大客源市场的边缘地带，具有良好的近程客源市场优势。

2. 市场定位

旅游市场中成熟的旅游者和有特殊兴趣的旅游者，特别是东南亚和欧美市场；国内的以北京为中心的环渤海区、以上海为中心的长江三角洲区、以广州为中心的珠江三角洲等东部及东南部沿海的发达地区市场，以贵阳市、遵义市红花岗区、都匀市、凯里市为中心的省内核心市场区，以重庆、四川、云南为主的近距离市场区。

3. 品牌形象

品牌形象可以定位为"云顶苗寨，高原歌乡"。

4. 产品定位

产品定位要突出"草原风光，民族风情"的特点。高坡民族以独特的生产方式（高海拔水田稻作农业）、民族节日、云顶万亩草场为特色。

功能分区可分为以下几方面。

①休闲度假村区。以云顶村、摆龙村、平寨村为主要开发基地，推广"高原风"系列旅游，大力改造村户农房各种家庭设施，配备现代化装备，建成独具特色的家庭旅馆和旅游度假村。

②极限探险区。充分利用红岩冲峡谷等自然资源，开发专项喀斯特地区的极限探险项目。

③民俗文化区。贵州高坡有着"洞葬"的传统民俗，可以以此为旅游主题进行洞葬文化的观光旅游。

5. 产品设计

围绕该旅游区的产品定位，在体现"高原风""民族情"这两个主题的前提下，其乡村旅游项目的建设应从以下几个方面来考虑。

①建设观光型与引水实用型的风车，在条件允许的情况下，建立风车博物馆；成立滑翔伞协会，定期举办滑翔伞比赛；建立高原台地小型气象站，开展与此有关的青少年科普教育；建立不同规格的高原高尔夫球练习场等。

②从民族文化出发，深度挖掘和传播高坡苗族的风情文化，不仅要大力开展风俗文化的各项活动，而且要重视苗族服饰文化、饮食文化以及建筑文化等。

③在专家的指导下，有计划地改造农户住房，建成家庭旅馆，为游客度假提供相应的服务。

④云顶草场也应围绕"喀斯特高原台地草原娱乐休闲园"的主题，进一步开发草原娱乐与休闲项目，如滑草、骑射等。

6. 建设项目

（1）民族村寨

民族村寨建设主要包括外部环境和内部环境建设。在村寨外部环境方面，村寨建筑设施和其他设施应与周边环境相协调，体现人与环境的协调发展。在内部环境方面，主要是村寨的卫生建设。有计划地改造民族村寨的厕所，建立排污系统，加强村寨的绿化建设，人畜应分居，并且组织村民定期打扫村寨卫生等。

（2）乡村旅舍

在接待游客的村寨可以选择有特色的农屋改造为乡村旅舍，房屋外部可以保持原状，但其内部必须按卫生标准和游客需要进行适当改造，前提条件也必须是适应整个民族村寨的大环境。

（3）基地建设

结合高坡乡的各种优势，可以建立与乡村旅游密切相关的基地，如奶牛观光基地、良种猪生态养殖观光基地、反季节蔬菜种植观光基地、特优果树种植观光基地。

（二）贵州贵阳康寨村

康寨村位于贵州省贵阳市花溪区麦坪乡东部，距花溪 17 千米，距贵阳 25 千米，距红枫湖风景区 25 千米，距天河潭风景区 4 千米。

1. 资源特色

贵阳市花溪区麦坪乡康寨村，生态环境相当优美。环村郁郁葱葱的森林是贵阳市的生命之源——阿哈水库的重要水源涵养林；每逢春夏之际，漫山遍野都是各种各样的野花，还有丛林中杜鹃鸟的歌唱；人文景观中，带有布依族特色的过街楼等民居依然保存完整，有的当地人甚至就地取材，采用石板建造民居，美观大方，独具特色。

康寨村建寨于明代，至今已有600多年历史，居住在这里的布依先民们，传承了古夜郎文化和元、明、清三朝土司文化，几种文化相互融合，最终形成了如今的布摩文化。从生活方式到劳动方式，从社交方式到娱乐方式，从祭祀方式到民俗民风方式，布摩文化都在影响着一代又一代的布依族人民，展示着其悠久的文化神韵。

布摩文化是布依族的经典文化，它包括了神话史诗、历史歌、传说歌、故事歌、登仙歌、嘱咐歌等类型，在神秘的宗教氛围中折射出了布依族的古代文学和古代文化。

2. 市场定位

贵阳市区及周边城镇的居民；贵阳市过境旅游市场；省内其他地区和贵州省周边省区。

3. 品牌形象

康寨村有"贵州布依族布摩文化"第一村的美名。

4. 结构设计

总体结构上，以圈层式和组团式相结合的空间结构组织周边地区，以公路和主干道构架多层次的道路网络，形成以森林为背景，以乡村田园为主体，建成以景点或交通干道组团式布置的总体空间布局。创造土地高效利用、自然生态景观与乡村景观相融合的景观结构，形成交通便捷、设施先进的新乡村旅游地和休闲、度假、观光的胜地，成为全省知名的旅游品牌。

5. 功能分区

康寨村设主入口区、布依族风情度假区、布依族布摩文化观光游览区、生态养殖业示范区、生态果园游览区、森林保育及贵州户外活动中心和十里花海（十里花山和观音湖）七个功能区。

（1）主入口区

主入口大门以高5米、宽3米、长8米的布依族布摩文化图案为特色，以石雕柱为造型,大门建在浪风关草坪之上,面向蜿蜒的公路,周边种植红、黄、绿三色灌木;游客服务中心,占地150平方米,布依族民居风格,二层全木结构,层高8米,内装饰采用现代防火板材。

(2)布依族风情

度假区设置直径20米的半圆形赛歌台,赛歌台前是宽1000平方米的月牙形风情广场;8根8米高布依族文化雕塑圆柱(图腾柱)围绕月牙广场,一条小溪环绕赛歌台和小广场;200平方米的具有民族风格的全竹接待用房,设计200平方米的中型会议厅,400平方米的餐厅;多功能大厅250平方米;3米宽、8米长的休闲长廊一座。

(3)布依族布摩文化

观光游览区在保护好古老民居的基础上,以石基、木柱、木板墙、青瓦的民房、过街楼,形成布依族老村寨格调;在服饰穿着方面,喜好青、蓝和白色,男人大多身穿对襟或大襟短衣长裤,头包青布帕或戴小帽,女人身穿大襟短衣长裤,喜欢戴手镯、围腰链、插头簪等;在饮食文化方面,多以当地的土红米、苞谷饭和花糯米为主,嗜辣,每逢佳节之际,布依族人家都要准备丰盛的腊肠、香肠、豆腐干、血豆腐等;在民俗节日方面,布依族在很大程度上与汉族民间节日相同,但也保留有自己若干民族节日,每年的正月初六就是布依族特有的"百果王"歌节。

(4)生态养殖业示范区

以沼气生态农业技术为核心,建立养猪和养鸡示范基地,其基本要素是"一口沼气池(8立方米),一年出栏两头猪,种植一亩果树"。建立50万只以上规模的家禽养殖场。修筑具有布依族风格的"九子连环塘"。

(5)生态果园游览区

康寨村果园分梨旅游区和布郎李旅游区,鑫凤清公司果园分蟠桃园区、水蜜桃园区、梨园区、樱桃园区、布郎李园区、新品种试验区及温室大棚区,面积达1 333 300平方米,园内设置观光步道、休闲楼、观光长廊、观光亭等。

(6)森林保育区及贵州户外活动中心

结合贵阳市第二环城林带造林工程,在康寨村周围荒山进行"近自然森林"示范建设,开展山地自行车运动和其他户外体育健身活动。

(7)十里花海区

将山坡上的大量油茶树嫁接品种优良的荼蘼花,种植多品种杜鹃花,保留金樱子、刺藜、野蔷薇等野花,并在区内修建旅游步道、观景亭、座椅。

6. 开发模式

以康寨村现有自然条件、区位优势及民俗文化为依托，采取"公司＋基地＋农户"的模式，大力发展生态观光农业，促进本村农业产业结构调整和生态环境的保护，将康寨村建成一个休闲、度假、观光的胜地。

（三）贵州贵阳大地村

大地村位于贵州省贵阳市东南面，距花溪区小碧乡12公里。该乡村旅游区与小碧镇有公路相连，且公路正在改造为四级油路。

1. 资源特色

大地村位于小碧乡的南部，是一个少数民族聚居的村寨。全村有7个村民组，337户，共1459人。少数民族占总人口的98%，其中苗族占60%，布依族占38%。居民以农业生产为主，有20户村民兼养肉用牛。村内除有大量田土外，另有果园约267 000平方米，草地67 000平方米，人均年收入2242元。村内有42户村民安装了沼气池。该村自然旅游资源和人文旅游资源都较丰富，不仅拥有贵州省重点文物保护单位是春谷摩崖石刻，还拥有享誉全省的兰花基地。他们的石板民居都是通过就地取材进行建造的，极具少数民族特色。整个村庄以苗族和布依族文化为主，有着悠久的历史文化传统和习俗，可建成一个融少数民族乡村旅游、农业观光、民族文化观光及历史文化寻幽访古为一体的，独具活力的民族村寨旅游区。

2. 市场定位

贵阳市区及周边城镇的居民；贵阳市过境旅游市场；省内其他地区和贵州省周边省区。

3. 品牌形象

大地村有"贵州兰花第一村"的美名。

4. 产品定位

大地村力求建成一个以乡村休闲娱乐、兰花花卉观赏和历史文化展示为特色的，民族风情体验为主要功能的乡村旅游地。

5. 功能分区

大地村设乡村旅游区、古文化游览区、农业观光区、野餐野营区和生态保育区五个功能区。

（1）乡村旅游区

大地村共有337户人家，仅种兰花的人家就有200户，占全村户数的59.3%，其中的第五村民组翁昭村，户户都有种兰花的习惯，被打造成为"贵州兰花第一村"。进入村寨处的民居石板房与道路间的洼地，可建成约两亩地的荷花池，池的东面建草堂，为两层木楼房，房顶盖草，楼上为观景阳台。第一层分为幽谷、墨香、知春、碧绿四个厅，分别陈列大地村采集的各种不同品种的兰花；陈列是春谷的历史资料和有关是春谷的画卷、书法及兰花的相关资料；陈列国内外有关兰花的品种介绍及标本；陈列大地村人培育兰花的成绩和经验。第二层也分为四个厅，分别为瞰碧、岚翠、饮绿、谐趣。其中瞰碧厅是观赏水面景色及田园风光，陈列兰花有关的艺术品的地方；岚翠厅是大地村人销售兰花及相关产品的场所；饮绿厅是游客休息饮茶，探讨有关兰花的场所；谐趣厅是精品兰花的展示厅。是春草堂北面，沿湖堤是观景长廊，将湖面以南，村寨入口处的村民谢树林、谢树繁以及寨中的谢生全家改造为乡村旅舍，利用谢树林家原有的场地，改建为小车停车场。在寨内修建一个歌舞表演场；扶持10户左右的农民，建成乡村旅馆；修建由大地村通往是春谷穿过铁路线的人行天桥；建双星塘，面积为666平方米，供游人垂钓及观赏水景造型，周边植物以各种竹子为主。

（2）古文化游览区

古文化游览区主要包括美学和科学价值较高的是春谷、是春湖等景点。是春谷摩崖坐落在大地村大地寨的青山（俗称"黑坡"）山麓，据传，是春谷为清代娄县知县谢庭薰所题。大地村在这一方面采取的措施有：保护是春谷摩崖，恢复"洗心泉"，恢复进入村寨前洼地中的原是春湖和湖中岛屿上的兰谷亭，修建跨越铁路的人行天桥。

（3）农业观光区

在保持现有266 667平方米果园的基础上，优化种植业、养殖业的产业结构，并在小碧乡到大地村之间公路的两边布局农业生产过程和农家生活以吸引城市居民，开展参与性农业观光旅游项目。在农业观光区周围植造风景林和经济林。建设项目包括观光农业园、观光和自摘果园。

（4）野餐野营区

为满足游客同时享受郊游远足和山野风味的双重需求，在大地村可设立专门的野营野餐区，提供相关的设施和装备。游客不仅能尽情地欣赏大地村的美景，还能获得高质量的旅游感受，体现了人文性的特点。另外，作为一个人性化的服务区，还应更多地考虑自驾游客的需求，提供相应的接待服务和专业设施。野餐野营区的建设项目包括营地建设、营地绿化、生态游道、野餐服务处等，是一个非常重要的旅游功能区。

（5）生态保育区

在大地村周边森林区采取封育措施，使其周边的植被和生态环境免遭旅游活动等人为干扰。

6. 开发模式

以布依族石板民居建筑和民族风情、是春谷摩崖和历史文化，以及兰花种植为特色，采用"农民协会＋村民"的开发经营模式，增强村民参与旅游的积极性，促进社区社会、经济和环境的可持续发展。

（四）新疆喀纳斯禾木图瓦村

禾木图瓦村是新疆维吾尔自治区布尔津县下辖的一座自然村庄，是图瓦人的集中生活居住地，也是仅存的图瓦人村落中最完整、最原始和最大的村落。禾木图瓦村最瞩目的景观是散落有致的小木屋、成群结队的牧群和美丽的雪峰森林，甚至有人称禾木图瓦村是"中国的第一村"。下面是关于新疆喀纳斯禾木图瓦村的相关规划。

1. 资源特色

图瓦文化具有历史起源的神秘性，人口稀少、民族同化的濒危性，宗教信仰的原始性和生活习俗的独特性。

图瓦是一个被人们渐渐遗忘的民族。目前，有关图瓦人的历史记载和研究还很缺乏，关于图瓦人的历史渊源，至今仍是个谜。

新疆喀纳斯是图瓦人在我国唯一的聚集地，人口约2000人。由于人口稀少，生活相对封闭，图瓦人存在近亲结婚以及与外族通婚的现象。在生活习俗等方面与蒙古族、哈萨克族已有很大相似性。

图瓦人的宗教信仰既保留了自然崇拜、图腾崇拜等原始宗教的早期崇拜形式，还信奉原始宗教晚期的萨满教，同时还信奉喇嘛教。每年都要开展祭山、祭水、祭天、祭树、祭鱼、祭火、祭敖包、祈佛诵经等宗教活动。

图瓦人使用图瓦语，属于阿尔泰语系突厥语族。在节庆习俗方面，图瓦人除欢度敖包节外，还有当地的邹鲁节、汉族人的春节与元宵节。图瓦人世代以放牧和狩猎为生，久居山林地带，故又被称为"云间部落""林中百姓"。为适应山区多雨多雪的环境，他们住以原木堆砌而成的人字形尖顶木楞屋，用动物毛皮自制的滑雪板滑雪或乘马拉爬犁。图瓦人视羊为上天之赐，使用名为"苏尔"的口笛乐器。

2. 区位优势

依托喀纳斯国家级自然保护区。

3. 保护与开发重点

（1）保护重点

禾木村原生自然环境和村落的原始性和完整性，保持图瓦人古朴民俗文化。

（2）开发重点

①村落除了必要的基础设施建设外，基本不做人造景观，只在部分区域进行少量修复性建设；改造原有外侵式建筑的外形，使之与原始村落建筑风格一致，对愿意拆除不和谐建筑的村民予以补偿；村口外修停车场，机动车辆禁止入村，游客通过步行、骑马或坐勒勒车进村；在村落以外不影响村落的视觉景观的适当区域建旅游接待服务区，将游客住宿生活区从现在的居民家中迁出，从根本上保证村落的完整性。

②全面挖掘、提升和充分展现图瓦的历史文化内涵。选取一些典型民居，建立图瓦民俗博物馆，全面展示图瓦历史文化；整理、布置和适度再现图瓦民俗生活场景，如将少数民族日常生产生活中进行的狩猎、放牧、捕鱼、采摘、手工制作等活动进行详细展示；重温几近消失或消失已久的民俗活动，如组织游客开展射箭、赛马、祭祀活动等。

③形成一套具有图瓦民俗特色的接待服务体系。将图瓦民族特有的传统习俗与接待服务相结合，将图瓦特色进行适当包装，如传播图瓦民族的饮食文化，推出图瓦民族特色大餐，让游客感受到图瓦文化的与众不同，从而增加对图瓦的好感度。开发图瓦人用于狩猎、捕鱼、农耕的生产劳动工具，如鞍具、弓箭、弹石器、刀、斧、锤等模型及摆设品，图瓦餐具，乐器苏尔笛、马头琴等为旅游商品。

④注重村民从旅游中的获益。大力开发禾木村的旅游项目建设最根本的目的就是通过旅游行业的繁荣，促进和带动禾木村的经济发展，提高村民的生活质量。因此，只有让村民真正看到了旅游行业所带来的利益，才能让他们更加积极地为旅游项目的开发付出努力，形成一个良性循环的发展圈。

（五）北京市怀柔区官地村

在乡村旅游的发展中，原有不和谐及陈旧的村寨设施与环境明显地制约了乡村旅游的发展，谭伟在《旧村改造与乡村民俗旅游的契合——北京市怀柔区官地村改造述略》中，针对官地村的实际，提出了以发展乡村民俗旅游为目的的旧村改造措施。

官地村地处北京市怀柔区雁栖镇，坐落在明长城脚下，距离北京市区约 1.5 小时车程，南距怀柔区 11 千米，有着非常美丽的自然风光，其中比较著名的景点有雁栖湖、神堂峪、慕田峪、红螺寺等，被誉为"京郊民俗旅游第一村"。全村居民以毛姓为主，总人口有 146 人，共 56 户人家。

官地村虽以美景闻名遐迩，但还存在着很多严重的问题。如村内保留了大量的原生态传统民居，这些民居设施普遍落后，需要及时进行修缮。此外，村落内基础设施、公共卫生设施较差，其聚落形式和建筑形式不断受到城市的侵袭，严重损害村落发展的历史脉络，阻碍了村落的发展。

1. 乡村民俗旅游开发目标

保存和开发古村特色，改善村落落后的基础设施，弥补古建筑的维修空缺，发掘村落文化的内在潜力价值，将官地村建设成以乡土生态环境为主的体验型旅游度假村落。

2. 旧村改造的原则

①独特性原则。
②整体开发原则。
③市场导向原则。
④开发与保护相结合的原则。
⑤经济效应、社会效应、环境效应相统一的原则。

3. 旧村改造措施

（1）总体规划改造

改造的内容包括节点（人们感觉和识别古村空间的重要参照物）、轴线（主要道路及古村的聚落边界）、区域部分（地段或街区）以及它们相互间的有机关系所共同构成的古村整体景观特色。

在保留原有道路的基础上，向沿河方向扩出 1.5 米作为人行道，做到人车分流，同时也使人车有了足够的空间。在机动车道上增加减速带及人行横道，保证行人的安全，材料采用石材、灰砖等，突出地方性。沿河方向设置一些悬挑的茶肆、酒肆等，丰富道路景观，同时提供游人休息、观赏的空间。

内部交通为步行空间。保持其原有的丰富性，做到收放有致。铺地建议采用石材、灰砖、卵石等地方材料。

停车采用分散式，不设大型的停车场，而设置多个小型停车点，做到化整为零，使得其自然地融入村落格局中。

（2）民居改造突出

突出原有的乡土气息，其尺度、规模、地基形式吸取原有的村落，利用地方材料，对老房子采取保护、修缮的措施；对传统格局的新房子采取立面整治，运用地方特色的材料和色彩；对体量偏大的新房子应进行立面改造，通过材质及色彩变化削减体量；新建民居可采取三合院或四合院的形式，屋顶平坡结合，材料尽量使用灰砖、毛石、灰瓦等。

（3）基础设施改造

在村口水口处打一口190米深井作为给水水源；逐步建立起集中的排水和污水处理设施，污水集中收集经地埋式污水处理一体化设备处理达标后，作为灌溉用水排入农田，实现雨、污分流；增设一台250千伏安箱式变电站，设置室内交配电室，建议拆除现有电线杆，改为地下电缆埋设方式，临街路灯设在墙角；工程管线全部地下铺设，穿河道时从河底经过；采用部分管线综合管沟与地下直埋相结合的铺设方式；保护和利用村落原有的自然环境资源，综合利用多种绿化手段，结合古村原有的景观特色，突出历史风貌和地方特色，完善原有的绿化系统。

二、农家乐项目规划设计

在大中城市周围，风景名胜区附近，甚至在风光独特的偏僻山村，处处都可寻觅农家乐的身影。农家乐是一种新兴的旅游休闲形式，一般都是以农户民居为主要的经营场地，农户业主对当地农产品进行加工，满足游人需要。在农家乐周围一般都是美丽的乡村风光，游客在这里不仅能体验到真正的农村生活，还能放松身心，舒缓压力，是一种具有农村特色的旅游形式。农家乐起源于四川成都周边乡村，从郫都区友爱乡的农科村、成都龙泉镇书房村到三圣乡的"幸福梅林"可以看出农家乐发展之路，并总结出规划设计的核心内容。

（一）特色种植

农科村位于成都西郊，受都江堰水利工程惠泽，土地肥沃，气候温和，属亚热带湿润气候区，光照充足，四季分明，冬暖、春早、夏长、无霜期长。

村民充分利用传统花卉苗木栽种技术，不断探索和创新，逐步从一般粮食生产向种植花卉苗木、桩头盆景等高效农业转移，创造出了公司加农户、第一与第三产业有效嫁接、互为促进的发展模式，同时承接规模较大的绿化工程，已成为成都市花卉供应基地，产品远销国内各地和东南亚地区。

在发展花卉苗木的基础上，成功发展了休闲农业，全村从事花卉苗木种植的农户占全村总户数的 98%，从事旅游接待的农户占总户数的 95%。

龙泉镇书房村在 20 世纪 80 年代初就开始逐渐扩大桃树种植面积，目前村内 90% 的土地皆为果园，以桃树、葡萄为主，一到春天，全村花团锦簇，红云笼罩，是著名的桃花观赏点。

（二）农家园林的营造

位于龙泉驿区的农家乐山庄具有很强的典型性。

农家乐山庄是在原农房基础上改造、完善、装修而成。房屋为一楼一底，面积 250 平方米，内设 10 间客房，20 个床位，另设餐室、棋牌室、卡拉 OK 厅、办公室、厨房和卫生间等，室外还建有亭、径、棚、塘、园、篱房。

亭作为主楼的重要补充，醉然亭用当地原木和稻草搭建，造型与周围环境相协调，亭柱上书楹联"一缕村烟绕松柏""满山花果簇骚客"。用毛石做片石小道，与石径配套的还有石栏、石梯、石堡坎，石栏分隔空间，另外修建了供游人参与制作豆腐、豆花、豆浆全过程的磨坊。

在装修上，将房间重新进行分隔。底层多为公用部分，如餐室、卡拉 OK 厅、卫生间和厨房，楼上多为休息室，如客厅、客房等。除此之外，小院内的隔墙也做了精心的设计，使房屋结构更加有层次感。

在色彩处理上，追求"素而不淡，花而不乱"的境界，让人感到清洁卫生，又要让人享受到农家的风韵。例如，在农户的窗户上装饰一些代表着吉祥喜庆的剪纸，使剪纸上丰富的图案和鲜艳的颜色与单调的窗户形成对比，为客房增添一种热闹的氛围，给人一种热情洋溢的感觉。在农户的墙壁上还可悬挂一些具有民间特色的装饰物，如代表着猎户的猎枪木雕和代表着猎物成果的虎皮布，二者一硬一软，一素一花，形成了鲜明的对比，给房屋增添了特别的感觉。

在摆件陈设上，可选用一些树枝、树干、树根等作为摆件的原材料。如把形态奇特的树枝当成立雕嵌在白墙之上，其味无穷；把树干作为墙壁的背景，其天然的纹路、结节浑然天成；把树根当作造型各异的花瓶托、台灯架等。

在农家乐村庄中，各种极具特色的设计、色彩、装饰品都表现出了农村淳朴的特质，营造出一种农家温暖的氛围。

（三）鲜明的节事活动

为推动农家乐的发展，节事活动的策划也成为规划、经营的主要内容。农科村前后推出了迎新春乡村美食游、川派盆景展、根雕展、民间精品收藏展，举行了"川派盆景、兰花艺术节"。龙泉驿区从 1986 年召开了第一届"桃花会"后，每年 3 月份的"桃花会"、5～12 月的赏果活动成为游客活动的高潮。2005 年冬,"中国成都首届梅花节"在幸福梅林开幕,推出了邀你踏雪寻梅、锦江年宵花展、赏梅博物展、精品梅花展销、梅林自行车公路赛、梅花展销、特色农家快餐活动、梅林赞梅诗画笔会、梅花节主题灯会、梅花插花艺术展、梅林欢歌文艺展、咏梅诗碑展、21届全国摄影艺术展览共13大主题活动。

三、农业生产基地旅游项目规划设计

农业生产基地包括规模化、现代化的农业生产基地和特色农业基地。前者有广袤的田野,大群的牲畜、食品的生产流程等,后者因以特色农业的种养殖而隐含着较高的观光游览价值。农业生产基地的规划主要是通过现有的生产项目大力发展旅游业,以实现提高生产效益的目标。另外,还要确保规划中所安排的旅游路线、旅游景点不能影响正常的生产活动,如果需要部分生产点作为辅助景点进行配合,则应事先协调旅游和生产之间的关系,避免发生冲突。

将农业生产基地作为旅游项目之一,目的就是通过向游客宣传和推广企业产品来刺激企业的生产,从而获得生产效益。下面我们通过几个案例进行说明。

(一)龙海生态旅游农业观光园

龙海生态旅游农业观光园,占地面积670 000平方米,位于福建省龙海市角美镇,原为龙海市苍坂农场,是为改革传统农业,发展节水、生态、精品、创汇和特色农业,以高起点、高投入、高科技、高新优品种、高效益为目标,建设起来的既富有现代风貌和闽台特色,又体现休闲生态农业田园风光,汇集生态旅游、休闲度假、文化科普、健身娱乐等各种功能于一体的现代生态旅游农业观光园。其主要规划建设项目如下。

①生产养殖区。生态农业区不仅包含从国外引进的优良果农作物,有美国脐橙、印度枣、台湾甜柿等,还包括各种畜禽鱼类。此外,龙海生态旅游农业观光园的生态农业区以种植优质龙眼为主,因此,龙眼是当地重点的生产和推销产品。

②文化景观区。这一景观区主要建有龙翔沧海纪念碑、孔子堂、妈祖庙、大佛宫等"石文化"建筑景点。

③休闲度假区。休闲度假区提供一条龙式服务,包括各种娱乐、饮食、洗浴等休闲场所,所在区域位于生态果林之中,环境优美,建筑别致,是一个非常舒适的环境。

④娱乐健身区。这个区域包含不同年龄、不同身份的游客娱乐设施,有为儿童准备的儿童乐园,也有为情人准备的情人吊桥,还有专门为健身人士打造

的各项健身运动馆。

⑤水上乐园区，拥有标准游泳池，儿童游泳池和嬉水区，划船、垂钓、观鱼、音乐茶座可使游人悠闲自得，心旷神怡。

⑥野生动物园，划为猛兽区、猕猴洞区、鸟类区等八部分，构建了山、水、果、树、动物等多种生态系统改善生态环境，为野生动物提供生态条件，为中小学提供自然生态的教育场所。

（二）珠海生态农业科技园区

珠海生态农业科技园是一个集技术引进、生产开发、加工出口、旅游观光于一体的生态农业科技园区，地处珠海市斗门区，占地312.73平方千米，是珠三角面积最大的生态农业园区。2017年，园区共投入发展建设资金42亿元，引进一批"精、尖、高"的投资项目，年终经济效应累计产值达283亿元，是国家科技部批准的第五批国家农业科技园区，也是全国首个和唯一的国家级河口渔业示范区。

关于珠海生态科技园区，在设计理念上，园区策划者认为，只有"差异"才是最好的旅游资源。这里的"差异"指的是在农业科技中，一个原生态的品种可以通过现代科技的运用将之培育成新型的农业产品，如果再对其进行艺术化加工，便可以成为一种旅游产品进行销售。因此，"差异"的出现代表着一个全新市场的出现，具有可持续发展的特征。如果园区采用这样的发展模式，不仅可以让园区和景点同时做到建设和开放，还能建造一条完整的产业链，集生产、环保、休闲、观光、销售等环节于一体。

四、古村落和古镇旅游项目规划设计

（一）古村落

中国传统的家族体制，悠久的文化理念，美好生活的向往，奇异的民族风情，独特的建筑风格，都保存在古老的村落之中。因此，古老的村落是中国传统文化中的瑰宝，在开展乡村旅游规划时，应本着保护第一，突出特色，经济、社会和环境效益相统一的原则，要考虑到旅游开发对古村落环境和社会的冲击，并尽量避免给当地村民的正常生活带来负面的影响。

对国家文物保护单位马头古寨的旅游规划中，发展策略为保护古寨环境与久远的历史文化氛围，使之成为贵阳市的历史文化名片；恢复古寨的历史原貌，增设生态文化设施，丰富其景观环境的内涵；在保护的前提下开展乡村旅游，构建具有冲击力的旅游意境。提出整体性、可持续发展、可操作性、突出特色、统一规划、分步实施等几项原则，以"保护为主、抢救第一"的文物工作方针为指导，在保护土司历史文化遗存及民族文化资源的基础上，使马头寨丰富而珍贵的文化遗产得到有效保护和合理利用，打造"黔中文化之源"的旅游文化与旅游特色，促进和推动区域经济可持续发展。提出了功能分区、基础设施、景观环境等系统；丰富旅游功能和旅游活动内容；完善旅游配套设施；增加旅游景点；使之与南江、香火岩、紫江地缝及清龙河等景区连片成为贵阳市的旅游热点、热线，游客可以在这里感受传承久远的土司历史文化、丰富多彩的民族民间文化和山环水绕、古木森森的喀斯特生态聚落文化，并在古寨的发展中强调全面保护其整体建筑风貌、历史文化遗迹、民族文化传承和自然生态环境；在保护的基础上推进以乡村旅游为主的可持续发展，成为空间结构完整，森林、水系、村寨、农田四位一体，古民居建筑群、土司衙门、寨门寨墙等传统文化为标志性景物，向游客集中展示古寨土司文化和当地布依族少数民族风情，使之成为以马头古寨山水空间格局为基础，以水东土司文化为特色，集观光、休闲、寻古探幽、民俗体验等功能为一体的省内一流、国内知名的综合乡村旅游区。

（二）古镇

中国古镇承载着几千年中国的文化理念，铸就了中国人血脉中关于家园的记忆。古镇传统的民居建筑，古朴的生活气息，动人的民族风情和亲切宜人的空间，与周围村寨的农田风光、山色水影、鸟语花香组合成一幅幅传统乡土画卷。乡村旅游依托具有悠久历史的古镇和古村落，即具有深厚的文化底蕴和多姿多彩的游览空间。

贵阳青岩古镇在贵州历史上具有重要的政治、经济和军事地位。如今的青岩古镇不仅拥有保存完好的明清古建筑群，还将传统文化与西方文化相结合，形成了汇集传统文化、宗教文化、军事文化等多种文化于一体的历史名镇。如果能够较好开发贵阳青岩古镇，通过其深厚悠久的历史文化、优美独特的古镇建筑，一定可以吸引更多人的眼球。此外，古镇中的特色小吃也是市区游客休闲度假以及民族文化体验的绝佳去处。产品开发思路为在提炼青岩古镇历史风貌特色的基础上，通过加强对古城的整体历史文化环境、重点文化景区和历史文物的保护，建设一个兼具传统与时代相结合、历史与文化相结合的贵阳旅游第一人文景观，使之达到全国历史文化名镇要求。

在开发中，要贯穿以下四项取胜方针。

①以特色取胜。贵阳青岩镇要形成自己独特的旅游特色，根据当地优美的

古镇景观迅速占领大众旅游市场。

②以文化取胜。古镇旅游项目最吸引游客的原因之一就是它具有深厚的文化历史，根据这一特点可以相应推出文化旅游产品，将产品与文化相结合，更能增添旅游的意境氛围。

③以精品取胜。加强古镇环境保护设施和环卫设施建设，建设游客服务中心和旅游商品市场，建设古镇博物馆，逐步推出古镇观光、军事攻防等文化旅游产品。

④以大力营销取胜。准备专项宣传营销资金，进行积极、快捷、鲜明、频繁的宣传活动，使古镇旅游势头保持长盛不衰。同时，应充分体现"以青岩古镇为龙头，促进花溪乡村旅游业全面发展"的思路，通过青岩古镇的带头作用，促进其他各地区旅游经济的发展，形成区域联动旅游，实现花溪区各个旅游景区的联动发展，不断丰富景区活动形式，不断提高景区的文化内涵，不断促进花溪区乡村旅游发展战略目标的实现。

五、休闲农场旅游项目规划设计

传统的农场是从事一定农业生产或畜牧养殖为主的生产单位，由农田、林地、园地等部分构成，根据所生产的农作物划分其种类，如以畜牧业为主的内蒙古草原牧场、新疆山地牧场，以种植业为主的东北大豆区、平原水稻田，以养殖业为主的山东芦花鸡养殖基地、南方水产养殖场等。随着新型农村的不断发展，乡村景观的大热，尤其是休闲农场的兴起为农村生产经营带来了新的商机，农场自然景观、田园生活、农业生产等一些以乡村生产生活为主题的旅游项目被大力开发，形成了新的旅游方式。

在对休闲农场进行项目规划时，一般要考虑两个要素，即硬质景观要素和软质景观要素。其中硬质景观要素主要是指硬件设施的建立，如住宿环境、服务中心、停车场、植被造景、健身基地、凉亭等；软质景观要素指的是各种软措施，如管理模式、营销策略、推广宣传、形象标志等。

下面列举贵阳金山生态农业观光园来具体分析休闲农场旅游项目的规划设计。

金山生态农业观光园位于贵阳市小河区西南面，距小河区中心8千米，距贵阳市中心15千米。

金山生态农业观光园所在地金山村共有12个村民组，总人口2225人，其中布依族占90%左右。其总耕地面积约567 000平方米，其中田约233 300平方米，土约 333 300 平方米，人均耕地约 1060 平方米。其主要农作物为水稻、玉米和蔬菜，经济作物有果树和油菜等。2001 年在金山村旁的山丘上建立了百亩果树新品种示范园——金山生态农业观光园，先后引进日本、韩国、美国、意大利、新西兰、加纳等国家的优质果树如桃、梨、杏、杨梅等 70 余种，现已有 20 余个优良品种的水果挂果，果树品种培育及栽培技术在全省处于领先地位。该园可俯瞰阿哈湖水库，远望自然曲折的湖岸线和靓丽的水面、水库周围连绵起伏的群山及郁郁葱葱的水源涵养林，再衬以眼前成片的优质果林，恰似一幅优美的山水画卷。

①市场定位。贵阳市区及周边城镇的居民；贵阳市过境旅游市场。

②品牌形象。贵阳金山生态农业观光园被定位成贵州省生态农业观光示范园。

③体验性活动。采摘、吃农家饭、品果。

④功能分区。设主入口区、果园区、休闲区、游客服务中心和生态保护林区等 5 个功能区。

⑤主入口区。在公路西侧池岸处竖立一个园区生态柱标志，以绿色为基调背景，突出生态农业是朝阳产业，以红色为字体颜色，代表吉祥，寓意生态园的发展如火如荼；设观赏鱼类放养场，沿岸植柳，南岸加固水坝设闸，池岸设栏杆，沿池铺装 3 米宽冰纹石，形成独有观鱼景观，利用园边凹地，改建为观赏鱼繁育基地。

⑥果园区。果园区总面积为约 418 700 平方米，分杏园区、梨园区、桃园区、葡萄园区、温室大棚区和新品种试验及良种繁殖区 6 个区。整个园区建成后将成为具有浓郁田园风光的特色景观。以果树为主的农业生产为依托，把农业生产、农业科技、产品加工、农事活动融为一体，充分体现游客的参与性，展现生态旅游、观光农业的经济效益、社会效益和环境效益。果园区主要规划设计以下几种旅游产品，如"命名果园"，游客付一定租金，可在某块果园或某株果树上挂牌署名，常来浇水施肥，除草灭虫，邀亲友赏花品果，体会生态农业的乐趣；果脯加工，可设果脯加工设备，游客自助加工果品；高科技农作物种子、种苗培育及无土栽培等农业技术推广。

⑦休闲区。总占地面积为约有 111 300 平方米，包括园区南部的松涛园小区及园区东部的湖景园小区，分别占地约 46 700 平方米和 53 300 平方米，其中水域面积约 23 300 平方米。松涛园小区以布依风情为特色，设布依风情广场、布依饮食文化服务区、多功能服务会所及多处布依休闲竹屋。松涛园小区防火及安全是重点，规划建筑限高 7 米，建筑间距不小于 25 米，消防栓间距不小

于120米。湖景园小区以运动为主题，由网球场、游泳池、垂钓场及出租生态小屋组成，是景区较现代和时尚的功能小区。

⑧游客服务中心。包括餐饮部、小卖部和信息中心等，规划在园区西南角，东连松涛园区，占地面积1332平方米。

⑨生态保护林区。主要种植在园区北侧的荒山，占地面积391 760平方米。结合贵阳市二环林带造林工程，进行"近自然森林"示范建设。即应用模拟自然的手法，营造在种类组成和群落结构上与贵阳地区顶级植物群落相接近的人工森林，使之成为群落结构稳定、生物量高、物种多样性丰富的林带。这不仅涵养本区水源和防止水土流失，同时可为喀斯特荒山的改造进行探索。

⑩开发模式。园区集生态保护、观光、休闲、娱乐和增长知识于一体，高度体现生态农业、自然与人的融合，具有鲜明的特点和独特优势。高档水果开发需要高技术支撑和种植技能，因此采用公司开发经营的模式。

第七章　乡村旅游环境与环境保护规划

随着交通行业的发展，人们的活动范围变得更为广阔，人们的旅游目的地变得更加多元化，而伴随城市化的扩张，城市人口急剧增加，已超过农村人口，城市成为人们主要的生存环境。城市的嘈杂喧嚣，飞快的生活节奏，浑浊的空气，使人们开始怀念乡村，乡村成为人们旅游的一种选择，成为大多数人体验农耕生活、欣赏淳朴自然、寻找记忆、缅怀情感的地方。这使旅游规划者开始关注乡村旅游的环境，在进行旅游规划时因地制宜，确定好的规划理念和规划方法。

第一节　乡村旅游容量的概念与测定

一、乡村旅游容量的概念

旅游环境容量是指旅游地开发在不影响后代对旅游资源永续利用的前提下，旅游地环境和经济能力、旅游地居民和旅游者心理等方面所能承受的最大游客量。旅游环境容量是一个概念体系，包括旅游生态环境容量、旅游空间容量、旅游心理容量和旅游设施容量四个方面。

乡村旅游是近些年在国际上迅速发展起来的一种旅游形式，在我国的发展属于初创阶段，虽然存在不足，但也取得了一些经济和社会效益。合理的开发和组织乡村旅游，让乡村旅游走可持续发展的道路，需要合理规划旅游容量。

乡村旅游容量的概念不能简单地理解为乡村旅游地在一定时间、一定空间范围内所能容纳的游客数量，乡村旅游地与风景名胜区、文化遗产地、主题公园等一般的旅游地不同，它是乡村居民生产、生活的空间。在旅游容量的规划上，涉及的因素很多。因此，乡村旅游容量是指在维持旅游地可持续发展和保证旅游活动吸引力的前提下所能接受的旅游活动量，应包括供需两个方面的内涵。

从乡村旅游地可持续发展的角度来说，首先，乡村旅游容量是旅游地区域范围内原居民所能接受的旅游活动量，影响居民可接受程度的因素包括原居民的文化水平、宗教信仰、生活方式、经济水平等；其次，乡村旅游容量是在一定时间内,在旅游地区域范围内的生态系统所能承受的旅游活动量,也就是说,旅游活动不会导致生态系统的退化。从乡村旅游地旅游吸引力的角度来说,乡村旅游容量是在保证旅游者基本旅游舒适度,不降低旅游活动质量,不破坏游兴的范围内,旅游区域所能容纳的旅游活动量。

二、乡村旅游容量的测定

(一) 乡村旅游生态容量的测定

在乡村景观中合理规划旅游生态容量,不仅要为游客提供一个良好的旅游环境,更重要的是维护乡村旅游生态系统,在人与自然和谐发展的基础上,实现经济效益和社会效益。旅游生态容量测算值是乡村旅游开发和资源保护利用中不可超越的阈值,是维护旅游地生态系统平衡的保障,在整个容量体系中是最为重要的一个指标。

对于不用人工处理方法处理旅游污染物的旅游地,其生态容量测量公式如下。

$$F_D = \sum_{i=1}^{n} S_i T_i / \sum_{i=1}^{n} P_i$$

其中,F_D 为生态容量(日容量),即每日接待游客的最大允许量;P_i 为每位旅游者一天内产生的第 i 种污染物量;S_i 为自然生态环境净化吸收第 i 种污染物的数量(量/日);T_i 为各种污染物的自然净化时间,一般取一天,对于非景区内污染物,可略大于一天,但积累的污染物最迟应在一年内完全净化;n 为旅游污染物种类数。

然而,绝大多数旅游地,旅游污染物的产出量都要超过生态系统的净化与吸收能力,因而一般都需要对污染物进行人工处理。在用人工方法处理旅游污染物的情况下,旅游地接待旅游的能力会明显扩大,称为扩展性旅游生态容量,其计算方法如下。

$$F = \left[\sum_{i=1}^{n} S_i T_i + \sum_{u=1}^{n} Q_i \right] / \sum_{i=1}^{n} P_i$$

式中,F 为扩展性生态容量(日容量);Q_i 为每天人工处理掉的第 i 种污染物量;S_i 为自然生态环境净化吸收第 i 种污染物的数量(量/日);T_i 为各种污染物的自然净化时间,一般取一天,对于非景区内的污染物,可略大于一天,但积累的污染物最迟应在一年内完全净化;n 为旅游污染物种类数。

（二）乡村旅游空间容量的测定

乡村旅游地的旅游空间容量主要指自然资源在空间规模上的总体容量，在保证旅游质量的条件下，一定时间内所有游览空间容纳能力，主要需要考虑自然资源所能提供和满足的旅游空间大小和不同旅游行为需要的旅游空间大小。旅游地空间容量是能够满足旅游者旅游行为的容纳量，包括三个层次：自然资源提供的活动空间对旅游及相关活动的承载能力；自然景观资源的敏感性；由旅游活动类型所决定的所需空间大小。

通常采用的旅游空间标准有国家标准和经验标准两种。

1. 国家标准

根据《风景名胜区规划规范》（GB50298-1999），游人容量计算宜采用下列指标：用线路法计算游人所占平均道路面积，指标为 5～10m²/人；用面积法计算每个游人所占平均游览面积，其指标为主要景点：50～100m²/人（景点面积），一般景点 100～400m²/人（景点面积），浴场海域 10～20m²/人（海拔 0～-2m 以内水面），浴场沙滩 5～10m²/人。

2. 经验标准

经验标准可分为规划者经验标准和借鉴经验标准两类。

旅游区规划者或管理部门在长期实践中积累了丰富的经验，在确定基本控件标准时可以根据经验来决定。例如，我国传统的经验是古典园林游览的空间标准以 20m²/人左右为宜，山岳型旅游地的游人人均占用面积应达 8m²/人，自然风景公园的游人人均游览的空间标准以 60m²/人左右为宜，等等。

（三）乡村旅游心理容量的测定

乡村旅游心理容量是一种感知容量，是一种无法精确定量的容量类型，同时也是一种变化着的容量指标。影响旅游者因素复杂多样，大多数情况下难以有一个使所有旅游者都能满意的个人空间值（基本空间标准）。因此，旅游者平均满意程度达到最高时的个人空间值，就被作为旅游心理容量计算时的基本空间标准。相应的测量公式如下。

$$C_p = \frac{A}{Q} = KA$$

$$C_r = \frac{T}{T_0} C_p = K \frac{T}{T_0} A$$

式中，C_p 为时点容量；C_r 为日容量；A 为资源的空间规模；Q 为基本空间标准；K 为单位空间合理容量；T 为每日开放时间；T_0 为人均每次利用时间。

乡村旅游者对当地居民的社会文化冲击是显而易见的，但这种影响（正面和负面）的发生程度和范围是不同的，游客密度越大，这种冲击便越大。如果用游客密度指数（VDI）来表现这一影响，其公式如下。

$$VDI = \frac{D_V}{D_I}$$

游客密度指数又叫聚居比，即游客密度（D_V）与当地居民居住密度（D_I）的比值。

（四）乡村旅游设施容量的测定

1. 交通设施

旅游本身是一个动态过程，具有流动性，无论从进入（输入）游览区内游览，还是输送到各游览点，直到最后离开（输出）游览区，都与交通密切相关。因此，它的运载能力、运输路线等，决定了旅游环境单元所能进入或送走的游客人数。交通运输能力的大小为达到或路过旅游目的地的交通工具在一定时期内所能运载的游客人数。M 为投入旅游服务的某种车辆的最多车辆数（辆）；N 为该种车每辆可乘人数（人/辆）；J 为平均工作服务时间（h）；T 为往返所需要的时间（h）。以交通作为限制性因子，TEC 计算公式如下。

$$TEC_1 = \frac{M \times N \times J}{T}$$

2. 游乐设施

游乐设施的数量、规模、游乐周期等决定了某一范围内它所能接待的游客数量。对于湖泊中划船这一游乐活动，船的数量、规格，每只船可容纳的人数，游乐一次所用的时间，就决定了利用游船开发湖泊这一空间的能力。以游乐设施作为限制性因子，TEC 计算公式如下。

$$TEC_2 = \frac{M \times N \times O}{D}$$

式中，M 为某种游乐设施的数量；N 为每一设施可供游览的人数；O 为开放时间；D 为每游览一次所用的时间。

3. 停留时间

停留时间主要指游客在旅游区、游览区及旅游点所需的时间。停留时间取决于游览线路的长度，以长度作为限制性因子，TEC 计算公式如下。

$$TEC_3 = \frac{L \times O}{L_o \times D}$$

式中，L 为游览线路的长度（m）；L_0 为游客相互之间的最小间隔（m/人）；O 为开放时间（h）；D 为走完全程所用的时间（h）。上式对于无法采用交通工具（如登山）和游览线路为线状的比较适合。若用交通工具游览线状风景区，则 L_0 改为交通工具之间的合理间隔，且 TEC_3 还应乘上某交通工具可载人数。

4. 空间

主要指各游览区的面积大小，以及各旅游点沿线分布的长度。空间因子对于园林、公园、登山观光、河流观光等具有重要的作用，因为它们的空间常常是有限的，且不易扩建和改造。将游览面积作为限制性因子，TEC 的计算公式如下。

$$TEC_4 = \frac{L \times O}{A \times D}$$

式中，S 为游览区的面积（m²/人）；O 为开放时间（h）；A 为人均最低占用游览面积值（m²/人）；D 为游览区停留时间，即游览本区所需的时间（h）。

5. 停车场

对于旅游地和旅游点来说，凡是有车可达的地方，需要开辟停车场，其所需要的面积可用如下公式计算。

$$A = \frac{rgmn}{c}$$

式中，A 为停车场面积（m²）；r 为高峰时游人数；g 为各类车的单位规模；m 为乘车率；n 为停车场利用率；c 为每辆车容纳人数。停车场利用率和乘车率一般可取 80%。

第二节 乡村旅游资源保护规划

一、山体旅游资源保护规划

山体旅游资源是自然资源中的基础，在乡村旅游活动中发挥着观赏、休闲健身、教育等多种功能。山体旅游资源的破坏主要来源于人类的生产活动、旅游建设活动，游人的不当行为也会对山体旅游资源造成破坏。

山体旅游资源保护规划的要点如下。

①严禁破坏旅游区的山体环境。旅游区的山体环境是各类旅游景观形成的背景因素，必须加强保护。旅游区内修建公路、架设索道、桥梁、建造旅游设

施应科学选址，精心设计，科学施工，要与周围山地环境相互协调。

②特殊保护体量较小的奇特山石。象形山石具有很强的观赏性和吸引力，是旅游者云集的地方。对于奇特山石，应根据具体情况采取有针对性的保护措施。比如，设置隔离装置，避免游人近距离接触和乱刻乱画，控制游人的数量，避免超载等。

二、水体旅游资源保护规划

（一）江河水体旅游资源保护规划

①严禁江河两岸的工矿企业和居民生活点直接向江河中排放污水。污染严重的工矿企业应实行"关、停、并、转"，或建立污水处理设施，居民生活点和旅游接待设施的废弃物要集中处理。

②对江河中航行的船只加强监管，防止燃油和生活垃圾对江河产生污染。

③严禁在游览区的江河中采沙作业。

④在江河的峡谷地带修建水利工程，应充分论证，避免使有价值的江河旅游资源消失或降低其观赏性。

（二）湖泊水体旅游资源保护规划

①作为生活用水的湖泊，不宜规划为水上运动场和开展水上娱乐活动，水上交通工具不能使用燃油作动力。

②防止湖泊水体的富营养化。需要开展旅游活动的湖泊不能进行水产养殖，湖泊周边地区应积极发展生态农业，鼓励施用农家肥，使用无磷洗衣粉，定期对湖泊进行清淤等。

③严格控制湖畔建筑物的体量、高度、样式、色彩，防止对湖泊景观产生视觉影响。

（三）海滨水体旅游资源保护规划

①控制海滨建筑物和防波堤离海岸线的距离。海滨的宾馆、餐馆、游乐场所等永久性设施与海岸线的距离应有 80～100 米。

②沿海的工矿企业的工业污水和旅游区的生活污水，经过处理达到定标准后才可排放到深海区，尽量减少对近岸海域的污染。

③对于各项海滩游乐、体育活动要加强管理，及时清除各类废弃物，确保沙滩整洁。

④在游览海域航行的各类机动船舶，要防止机油和燃油的"跑、冒、滴、

漏",减少对海水的污染。

(四)瀑布水体旅游资源保护规划

①禁止在瀑布上游和景观所及范围内开办工矿企业,避免对瀑布景观造成破坏。

②保护瀑布周围的植被。瀑布上游要栽种保护水源林,瀑布周围加强绿化,防止水土流失,破坏瀑布景观。

(五)温泉水体旅游资源保护规划

①有计划地开采温泉资源。应在科学测定温泉流量的基础上,适度开发浴池、温泉宾馆等,防止过度开发,避免水源枯竭。

②注意对温泉水脉的保护。

③游客使用后的温泉水应适当处理,防止出现新的污染。

三、生物旅游资源保护规划

(一)森林植被旅游资源保护规划

①科学管理,合理开发利用森林资源。严格控制计划外采伐,积极营造薪炭林和开发沼气等能源,减少旅游区内居民因用柴而砍伐森林植被。

②加强对游客的宣传教育,加强管理,禁止或控制在林区野炊、吸烟,防止游客随意采摘花木枝叶。

③自然保护区和珍稀濒危植物保护中心应严格执行《中华人民共和国自然保护区条例》,不得在核心区和缓冲区内开展任何形式的旅游活动,在实验区内有控制地开展有组织的观光、科考、科普等活动,不得搭建永久性住宿、餐饮、娱乐和其他设施。

④对古树名木分类登记,采取定期检查、隔离保护、专人监护等措施。

⑤维护原生种群和区系,培育地带性树种和特有植物群落。

(二)动物旅游资源保护规划

①严格执行《中华人民共和国野生动物保护法》等国家有关保护野生动物的法律、法规,坚决打击滥捕乱杀、走私贩卖野生动物的违法活动。禁止旅游区餐馆出售野生保护动物的行为,维护其正常的生态系统。

②严格保护野生动物的生存环境,维护其正常的生态系统。

③建立珍稀、濒危野生动物繁育基地。

四、文物古迹旅游资源保护规划

文物古迹是人文旅游资源的重要组成部分，属于不可再生性旅游资源，一旦遭到破坏，危害严重。在旅游规划中，应加强对其的保护，规划要点如下。

①对文物古迹的保护应依照国家相关的法律法规，贯彻"保护为主、抢救第一"的方针，严格遵守"修旧如旧"的原则。

②对文物古迹应保护其原来的建筑形式、结构，保存原来的材料、工艺，尽量保持其原有的风貌。

③对那些等级高、旅游容量有限的文物古迹，应科学测量其旅游容量，在合理容量范围内开展旅游活动。

④对重大经济建设活动中无法避免的文物古迹的破坏，应整体搬迁。

⑤重要文物古迹保护区内，严禁增设与其无关的人为设施，严禁机动车进入，严禁任何不利于文物保护的因素进入。

五、民俗风情旅游资源保护规划

民俗风情是指某一地区、某一民族在自然环境和社会环境的影响与作用下，在生产和生活活动中所形成的特殊的风俗习惯。民俗风情因其具有突出的差异性而成为旅游资源中的奇葩，深受现代旅游者的青睐。但是，民俗风情旅游资源开发利用不当，同样会面临被破坏的危险。

民俗风情旅游资源保护规划的要点如下。

①对于原始性较强的民族地区的风情民俗，应保持其质朴醇厚的风格。在现代化过程中，要妥善处理好继承优良文化传统与吸收外来先进思想和生活观念的关系，处理好经济发展与传统文化保护的关系。

②对濒临灭绝的民族文化，应加速抢救。例如，对民间流传的山歌、民间故事等要进行抢救性的记录、录音、录像，对那些趋于失传的民族技艺应组织人力进行整理和恢复。

③在少数民族地区尽量不建造民俗村，对于移植到旅游区内的民族村寨，要尽量真实地反映少数民族的风貌，避免过分商业化、现代化。

第三节 乡村旅游环境保护规划

一、乡村旅游环境保护规划要点

（一）大气环境保护规划要点

①旅游区周围要划定保护区范围，对周围污染严重的厂矿企业等，或者取缔、搬迁，或者采取治理措施，为乡村旅游区创造良好的大气环境。

②旅游区范围内要合理规划、布局。厕所、污水处理厂等垃圾集中和处理场地，应建在游览区、娱乐区、野营地、交通道路和旅馆、餐厅的全年主导风向或旅游季节主导风向的下风侧。停车场应在厕所、污水处理厂等垃圾集中处理地的上风侧，并与餐馆、旅馆、野营地、娱乐场等保持相应的空间距离。

④改进燃料设备，改变燃料结构，采用除尘设备。在乡村旅游区，要杜绝使用燃煤锅炉与薪柴燃料，推广使用天然气、煤气和电能作为日常能源供应。

（二）水体环境保护规划要点

①认真贯彻执行《中华人民共和国景观娱乐用水水质标准》《中华人民共和国水污染防治法》《中华人民共和国河道管理条例》等法律法规，建立必要机构，加强水质监测和管理。

②乡村旅游区内部进行工业项目建设，并严格控制乡村景区周边地区的工业建设项目，杜绝工业污染源，要采取有效措施防治高消耗和高污染的生产落后工艺向农村转移。

③控制水土、有机质流失和农田污染，大力推广有机农业和生态农业，推进科学化使用化肥和农药。积极采取措施防治农村环境污染，尤其是防治禽畜养殖业的污染。发展高效、无污染的绿色肥料和有机肥料，推广高效低毒和低残留化学农药，发展和推广生物农药，保障食物供给的环境安全。

④大力提倡水资源重复利用，提高水资源利用率。

（三）噪声环境保护规划要点

①居住区功能区划及规划布局合理，在确定建设布局时，应当依据国家声环境质量和民用建筑隔声设计规范，合理规定建筑物与旅游交通干线的防噪声距离，并提出相应的规划设计的要求。

②取缔噪声严重超标的车辆，实施景区禁鸣及最高时速的限制，禁止特殊功能区机动车辆的通行，在交叉路口采用立体交叉结构，减少车辆的停车和加

速次数，可明显降低噪声。在旅游道路规划设计时，应采用以返双行线，在同样运输量时，单行线改为双行线（单方向行驶），噪声可以减少2～5分贝。另外，在旅游者密集地和停车场建立隔音林带，同时限制广播的使用。

③充分利用景区绿地降噪的功能。景区绿化不仅美化环境，净化空气，同时在一定条件下，还可减少噪声污染。在景区中合理的绿化能增加噪声衰减量。有关研究表明，绿化带的存在，对降低人们对噪声的主观烦恼度，有一定的积极作用。

④在乡村旅游建设过程中，应用吸声材料和吸声结构将传播的噪声声能转化为热能。吸声材料性能用"吸声系数"表示，一般材料的吸声系数均在0～1，该系数越大，材料的吸声效果就越好。常用的吸声材料有木屑板、细玻璃棉毡、聚氨酯泡沫塑料等。

⑤化害为利，可在噪声大的乡村旅游功能区设置农业观光园，利用某些噪声提高农产量。

（四）废弃物处理规划要点

①根据游客数量的多少来确定旅游垃圾盛放装置的数量。在有条件的地方，实行分类收集，采用不同颜色或不同形状的垃圾箱（桶），也可放置不同的标志，引导游客处理不同种类的垃圾。

②垃圾箱（桶）要定期清洗、消毒，收集垃圾最好在开放时间之外，以免干扰游客。

③旅游厕所的设置应符合国家标准《旅游厕所质量等级的划分与评定》（GB/T 18973-2016）的相关规定。景区内公厕应为水冲式或环保型，有严格的管理制度，无异味、无秽物。粪便处理要符合国家《粪便卫生无害化标准》（GB7959-2012）的要求，严禁任意排放。

⑤旅游车船上，配备必要的废弃物收集器具，防止直接向外倾洒。

（五）绿化规划要点

①在乡村旅游区内，因地制宜地恢复、提高植被覆盖率，以"适地适树"的原则扩大林地，发挥植物的多种功能优势，改善乡村旅游区的生态和环境。

②妥善解决植被保护与广大农民取薪的矛盾。应让农民在自家承包的林地上获取薪材；在有条件的地方推广使用液化气和煤炭，取代薪材；合理利用经济林资源和人工林资源；利用树木整形修剪解决部分薪材等办法，保护野生植被。

(六)自然灾害防治规划要点

对旅游活动产生不利影响的自然灾害主要有洪涝、台风、海啸、风暴潮、地震、滑坡、泥石流等，自然灾害对游客的生命安全构成严重的威胁，在规划中必须予以重视。

①建立自然灾害信息系统，及时通报灾情，使游客科学安排旅游活动。

②完善防洪工程体系，加强乡村旅游地的防洪排涝设施建设，主要旅游景区（点）的设施建设要充分考虑防洪、排涝的要求。

③所有旅游基础设施和接待设施，应按照相应的防震、抗震标准进行建设。

④沿海地区或靠近海岸的旅游设施，应达到抵御台风、风暴潮的标准。

二、乡村旅游环境规划类型

乡村旅游环境规划，是应用生态学原理和方法，从生态的角度进行规划设计，合理开发目的地自然景观要素，尊重地域自然地理特征，有机组合各种景观元素，建构良好的景观生态框架，合理布局旅游活动的空间环境，最终实现旅游目的地环境的生态可持续发展。

研究问题的角度不同，乡村旅游生态环境规划的类型也多种多样。从规划内容性质上，将其划分为生态农业型生态环境规划、景区依托型生态环境规划、古村落生态环境规划、都市农业型生态环境规划和特色产业园生态环境规划五个类型。

(一)生态农业型

生态农业旅游是将农业与旅游业相结合，充分利用乡村的农业自然资源和乡村人文资源，在生态学原理的基础上，以保护自然为核心，对资源合理规划设计和布局，是集观光休闲、生态农业生产、科学管理、农产品生产于一体的新型生态旅游活动。

生态农业在保护自然环境的基础上，保留原生态农业生产格局，确保良好的生态效益。规划过程中避免破坏自然生态系统，体现出优质的生态环境和自然农业风貌，并结合有特色传统的农业民俗文化，保持生态环境和人文环境的生态性，确保生态旅游的可持续发展。

当今快速发展的城市生活，使得人们对大自然和农业文化充满了渴望。农业的发展是与文化进步密切联系的，农耕文化、历史人文、民族文化、农村生活方式、宗教文化、饮食文化、地方风俗等造就了深厚的农业文明。人文生态环境规划的关键就在于挖掘当地农业文化,结合当地农业生产方式并谋求生态效益最大化的开发模式,提升农业文化的品格和内涵,追求生态农业旅游环境资源发展模式的最优化。

(二)都市农业型

都市农业是指利用田园风光和自然生态资源,依托都市内部的经济辐射,为城市提供农产品和服务,集生活性、生产性和生态性于一体的现代化农业体系,是城市经济与城市生态系统中的重要组成部分。其一般位于城市内部及周边地区,但多集中在城市郊区,而城郊作为乡村到城市过渡的地段,城市的机能与乡村的机能相互交错,相较于城市或者乡村都更具独特性。其地理位置靠近城市,为城市提供特定机能补充的同时,又对城市生态系统的维护起着十分重要的作用。随着我国城市化和工业化进程的加快,旅游业的不合理开发,大量农业资源被占用,令郊区的农业生态环境日益遭到破坏和污染,而都市农业依附于城市边缘,生态环境脆弱,生态代价低下,所以都市农业环境的生态旅游规划是亟待解决的问题之一。

正确认识并充分挖掘生态旅游资源是规划都市农业生态旅游的第一步。都市农业的生态旅游资源包含了风景秀丽的田园风光、民居风貌等自然资源,以及淳朴的民风民俗等人文资源和传统农业的生产方式与过程、农产品等副业的生产模式。规划目标时要达到综合效益的最优化,在满足生态旅游和休闲度假的同时做到全面统筹、稳步发展,秉承生态环保理念、挖掘区域特色文化,并发展区域特色。

在对都市农业型生态环境进行规划时,应以生态环境保护为前提,在尊重自然、保护自然和维护自然生态资源可持续利用的基础上进行,同时治理好环境污染,抑制生态环境恶化。根据景观生态学的原理和方法,合理规划都市农业的景观空间结构,使农业用地、休闲用地、生产用地等连接成网,构成和谐高效的自然生态环境,达到缓冲城市污染物扩散的生态功能最大化。规划时要把各类景观合理地分布到原有的自然环境之中,如建筑密度的控制、各类绿色空间的序列、植被的面积与分布。特别要注意的是,各类人工环境如景观廊道、人工种植等设计,应避免破坏整个自然环境的协调性和整体性,要尽可能地融入自然环境。

生产上应大力发展生态农业,将农业向第二产业和第三产业拓展、延伸与融合,提升生态农产品的消费市场。生产技术上,现今很多地方还沿用传统的农业生产技术,专业化与产业化程度低,对环境造成一定的污染,对当地的生态构成破坏，所以应积极研发新型高效的生产技术，并结合观光旅游开展科普教育工作，供游人参观学习，亲近自然。

此外，还要尽可能实现自然生态与历史人文的和谐统一，注重挖掘当地的历史、文化传统等资源，在旅游区的建设和经营中融入当地的民族民俗文化，保护和传承原有历史文脉。加强对城市近郊的特色人文景观和文化遗迹的保护，避免建设过程中对当地传统文化内涵和民族文化风貌造成不可修复的破坏。

（三）景区依托型

我国以自然生态旅游资源为主的景区主要有风景名胜区、自然保护区、森林公园等，类型十分丰富，不仅自然景观奇特，而且文化内涵深沉厚重，历史价值极其珍贵。景区依托型的乡村旅游主要分布于著名景区内或周边，是依托核心景区的自然和人文等资源优势，结合自身特色，与景区协调发展、资源共享的乡村旅游类型。因其依托于风景区，所以具备一般乡村旅游不具备的优势。其规划要充分利用景区良好的自然资源、人文资源和客源量，与风景区总体规划、当地社会经济发展规划、土地规划相协调，将可持续生态理念作为指导思想，维护好生态安全，不对景区的生态造成破坏。

我国景区的人文生态旅游资源也极其丰富，主要包括民族、宗教等民族文化，如云南西双版纳的傣族文化，每年吸引大量游客前往。依托于景区的乡村旅游，作为景区文化延续的载体，在规划中要注意保持好原传统习俗，将文化融入生态旅游中，在产品的开发上也融入地域文化内涵。

在规划过程中要强调生态环境效益、社会效益、经济效益三者的有机结合，适度利用景区的生态旅游资源，规划出合理的布局结构，延伸景区的旅游产业链，适当开发建设，结合风景名胜区打造一个集旅游度假、休闲娱乐、健康疗养、生态科普教育为一体的生态旅游目的地。如果其规划会对风景区环境造成破坏，则应采取将乡村整体迁出的措施。

（四）古村落

按照朱晓明提出的观点，古村落是指在民国前已建村，且保留了较大的历史沿革（即村落选址、建筑环境、建筑风貌等未发生较大的变动），具备独特的民风民俗，年代虽经历久远，但至今仍为人们服务的村落。

古村落旅游，即以古村落为乡村旅游目的地，以了解古村落的历史文化为旅游目的，让游客通过体验和感受古村落特有的自然景观和人文景观，在精神上获益受教的旅游活动。

在进行古村落的环境生态性规划时，应强化古村落旅游自然资源和人文资源的整合，注重物质和非物质文化旅游资源的融合发展。

中国古村落作为一种传统的聚落空间，在村落选址布局上比较讲究风水，以山河为自然屏障，依山傍水，自然环境资源丰富，整个建筑风貌、村落环境与自然紧密融合为一体。自然环境是古村落赖以生存的基础，也是构成古村落景观特色与开发旅游项目的重要资源，所以应在保护村落自然环境的前提下进行规划，一方面要保护好古村落中建筑、农田、水系、林地等自然风光不遭受破坏，另一方面要避免对自然环境造成污染。要对古村落整体划定保护层次区域，结合生态旅游理念，保证整体自然风貌和村落风格协调统一。古村落人文环境的规划也尤为重要。古村落的文化分为物质文化和非物质文化两类。物质文化作为文化的一种载体，包括民居建筑、宗教寺庙、古建筑等，非物质文化包括宗教文化、信仰文化、民俗文化、传说典故、艺术文化等。这些珍贵的传统文化都应保留并合理规划，既要让游客了解和体会当地的人文底蕴，又要让当地居民意识到传统文化的重要性，并以一种积极的态度将传统文化保持和传承下去，保证传统的生活方式得以延续。

（五）特色产业园

特色产业旅游以特色产业为支撑，以旅游为载体，以市场为主导，需充分挖掘自身产业潜力，同时，在特色产业的基础上设计生态特色产品，促进旅游资源合理利用，使目的地发展形成具有独特文化内涵和旅游功能的特色产业结构。

科学规划设计，对原有乡村旅游资源社会、文化和生态价值进行有效挖掘，并保留原有的地域产业特色，提升旅游资源的经济价值和生态价值，使其特色产业带动性更有效地体现在生态旅游上。结合生态学原理，做到保护地方生态环境，保护特色建筑、文化传统，不随意破坏原有场地的地形地貌和现有的生态植被。

特色产业作为其旅游规划的核心，应从本地实际出发，充分考虑生态承载能力，深入挖掘地脉、文脉、人脉，着力打造城旅融合、农旅融合、商旅融合、文旅融合的特色产业链条和特色产业集群。例如，打造集观光休闲、民宿体验、科普教育于一体的果园、茶园、渔场、酒厂等，根据产业的季节性、地域性等特点，科学规划好生态旅游项目，形成联动的生态特色产业链。

三、乡村旅游环境规划理念与方法

（一）规划理念

乡村旅游目的地生态环境规划涉及景观生态学、生态美学、游憩学、环境心理学等多领域学科，力求在坚定不移地遵循可持续发展观、保护与开发乡村自然资源并举的前提下，做到构思新颖独特、布局完备合理，从而为创造生态系统结构稳定、旅游特色鲜明、人与自然和谐相处的乡村旅游目的地生态环境奠定坚实的理论与实践基础。

乡村旅游目的地生态环境规划的设计要求目标明确清晰，特色鲜明突出，规划理念要有创新性、发展要有高起点、质量要严格把关，遵循自然发展变化规律和空间结构组织规则，融自然性、艺术性、生态性、地方性为一体。因此，乡村旅游目的地环境规划涉及多学科领域，是一项正处于探索发展当中的综合性、实践性系统工程。

在科学发展观的指导下，乡村旅游目的地的环境规划应本着促进当地区域财政和居民经济共同增长进步、加强生态环境保护力度、全面完善社会基础及公共设施建设、继承弘扬优秀传统文化的原则，在统筹规划的视野之下阐述城乡差别，平衡乡村建设和生态环境保护之间的辩证关系，从发展富有当地地方文化特色的乡村生态游、加强农耕用地保护、挖掘地方潜力、营造特色景观等角度进行规划设计。

乡村旅游目的地生态环境规划的目标是构建一种"可观、可游、可居、可玩"的乡村景观。对于富有特色的乡村景观而言，要强调景观元素在不同阶段的个性特征，做到层层推进，既使城市与乡村两者的景观序列相互融合，又要体现出由城市景观向乡村景观的逐步过渡，最终共同展现推崇自然、生态、健康、休闲的主题。乡村旅游目的地生态环境规划就是在理论知识与专业技能的指导之下，达到一种对立与统一并存的关系。

因此，乡村旅游目的地生态环境规划始终贯穿着"生态、旅游、休闲、文化"的思想，在具体规划中可遵循以下三个理念。

1. 坚持主客结合、因地制宜的理念

乡村旅游目的地生态环境应提倡主客结合的规划理念，在策划旅游项目和开展旅游活动时，必须要酌情考虑当地居民的生活方式、习俗文化等，有"主"无"客"或有"客"无"主"的旅游规划方式都是极其片面的。乡村居民的风俗习惯和生活方式普遍依地域与季节发生着变化。因此，发展乡村旅游目的地应充分考虑各地区在地理区域、气候季相、农业资源、生产条件、生活方式、风俗习惯、宗教信仰等方面的差异性和特殊性，因地制宜、因时制宜，确保生态旅游与居民生活尽量融洽。

2. 突出乡村特色、互动参与的理念

当今社会的旅游者越来越注重旅游体验，渴望参与，因此在进行乡村旅游目的地生态环境规划时，尤其要注重体现"参与"的规划设计理念，不仅如此，还要体现不同特点、不同程度的参与，以丰富乡村旅游目的地的活动形式，提高乡村旅游目的地环境的对外吸引力，满足旅游者参与体验的需求。乡村旅游目的地环境规划应大力挖掘当地历史文化内涵，用以表现不同区域的独特风格，避免低水平、低品质的仿效及毫无新意的跟风建设。只有突出特色才能在市场上占有一席之地，才能将当地乡村生态游长久地发展下去。

参与不仅指外来旅游者的参与，而且要加强旅游者与当地居民的互动性。乡村旅游目的地在作为一个旅游开发对象的同时，其本身是大量乡村居民的生活聚集地，所以乡村旅游目的地的生态环境规划应尊重当地居民的生活方式、文化传统、民俗特色、宗教信仰等，既满足大量旅游者的需求与愿望，又考虑当地居民的生活的延续和发展。而居民收入水平的增长和生活质量的提高，更是进行乡村旅游目的地生态环境规划的首要任务。

3. 突出可持续保护与开发并举的理念

乡村旅游目的地生态环境规划首先应遵循生态性原则，要求人与自然的和谐共生。在人与自然和谐共生的前提下，加大乡土文化资源和农业旅游资源的整合力度，加大农耕文化和民俗传统文化的保护力度，加大现代科技在农业当中的应用以及农业科研、培训和示范基地的开发建设力度，从而做到真正意义上的自然与人文景观的结合。

（二）规划方法

1. 总体规划法

为保障乡村旅游目的地生态环境规划过程中各项工作的有序展开，首先要做的就是总体规划先行，然后在借助景观艺术规划设计手法的基础之上，协调好方方面面的关系，最终使整个规划实施过程有计划、有目的地进行。

首先，在进行乡村旅游目的地生态环境规划之前，应当从全面细致的关于目的地的调查开始，从多个层面、多种要素着手，对目的地的地形、土壤、水文、植被、气候以及该目的地区域历史状况等进行调查并且评价，达到由表及里的规划深度。具体调查包括以下几点。

①地形现状：该地区的登高间隔、地形地貌、自然景观水平位置、人工景观水平位置等。

②土壤现状：有机物含量、肥力、粗密度、盐度、密度、密实度、结构、含水量等。

③水文现状：包括植被及地理特征等。

④植被现状：植物类型、密度、分布状况等。

⑤建筑现状：村落风貌、群落历史、建筑形制、建筑风格、构造、密度、材料、空间、结构等。

⑥人文现状：风俗习惯、历史文脉、宗教信仰等。

其次，联系周边的水系、林地、农田、村民社区、基础设施等斑块共同配合发展成新的景观整体，融入具有整体性的乡村旅游目的地生态环境规划要求之中。特别是目的地生态环境中的多种自然要素，无论其状态特征如何，乡村旅游目的地生态环境特色的框架就是由这些规划过程中重要的元素所组成的。

最后，交通道路组织体系、观光游览景点设置、建筑空间构成、建筑布局、功能分区、基础设施都应当被视为规划的整体，不可孤立出现，从而达到重视乡村旅游目的地布局整体性、优化生态格局的目的。

为了更好地发挥景观功能，需要在保证乡村旅游目的地区域景观结构完整的前提下，以斑块或廊道的形式，将绿地、道路、农业生产用地、水系、建筑物、构筑物纳入整个景观结构当中，为旅游者提供包含吃、喝、玩、游、住、行、学等综合性的乡村生态旅游场所。

2. 局部分区规划法

局部分区规划法主要是根据生产、生活、游览以及娱乐的需要，将整个乡村旅游目的地生态环境景观划分为不同的功能区域和空间层次。在进行详细规划时，将每一部分逐渐加深细化，进而使每一区域的景观作用都能得到强化提升，并分别有主题性地营造每一分区景观。实行局部分区规划的策略，可使乡村旅游目的地生态环境规划的景观细部控制更加明确清晰。

功能区域的划分大致上可以分为游、行、购、吃、住、学六类，实质上是对旅游者的行为进行空间布局和组织安排。因此，可将乡村旅游目的地区域划分为景观观赏区、农业生产区、科技示范区、游览体验区和休闲服务区，而各个分区所囊括的内容则可根据项目规划的具体情况和切实需求进行变化调整。

对乡村旅游目的地进行功能区域的划分，在规划之初就应当根据重点、要素、空间等组成部分的特点，考虑各方面复杂关系的影响，按照同一性或差异性来进行，充分发掘自身的特殊条件并形成优势。例如，利用特色差别，开发与本功能区域相适宜的旅游项目。同时，也不能忽略景区的整体需要，最理想的状态是形成各功能区域之间优势互补、扬长避短、功能融合的分工合作体系。

3. 景观细部控制法

对于乡村旅游目的地而言，在做具体规划时，景观的细部打造首要从人本思想的角度进行考虑，不仅要做到具有实用性、美观性，同时还应具有独特的乡村文化特征，而这些都是以从大方向进行宏观把握整体布局为基础的。人性化考虑景观细部，应当学会各种乡土元素及材料的灵活运用，再根据明确的主题进行乡村景观的细节营造。例如，在进行乡村住宅的规划设计过程中，可以考虑采用几户并联式或者低层院落式布局的乡村住宅形式；在住宅的前后庭院中尽量少使用硬质路面铺砖，可以大量使用透水性材料；为了方便居民有自行建设的余地，最好采用一些简单灵活的结构体系。

在乡村旅游目的地生态环境规划中，要依照现在已经存在的和谐景观进行稍加改造，将其固有的景观情境充分反映出来，最好是能突出其独特的景观特征，并用一些自然的方式将某些不协调的景观要素巧妙地屏蔽或者弱化。

本书在前人的研究成果上提出涉及生态学理念的四种乡村旅游目的地生态环境规划方法：一是保护型规划法，二是恢复型规划法，三是功能型规划法，四是展示型规划法。

（1）保护型规划法

保护型规划法是指在某些自然生态环境良好的乡村旅游目的地或者有一定文化保护价值的乡村旅游目的地，为了使当地良好的生态环境不被破坏，使当地现有文化价值的区域受到保护，利用生态学的有关原理，对其进行规划。在这个基础上，规划者既要维持当地生态环境，又要创造出符合大众审美的乡村旅游目的地。

（2）恢复型规划法

一些乡村旅游目的地受损程度较大，生态环境状况不甚乐观，如果不改善当前的环境现状，就很难将其作为旅游目的地来开发利用。该种乡村旅游目的地生态环境规划一般是通过对一些还具有纪念意义或文化价值的传统景观进行保留改造以及材料的重复利用等，创造出自然、生态、艺术和科技相结合，完全适宜于当前社会、艺术水准比较出众并融入生态理念的乡村旅游目的地。

（3）功能型规划法

如果要对乡村旅游目的地进行高效、科学、合理、完备的规划，首先应当以生态理念为基石，再应用一些行之有效的生态技术措施，使之既具有符合大众审美的艺术情趣，又具有生态学的逻辑性、科学性，从而达到改善乡村旅游目的地及其周边环境，营造出与当地生态环境相协调的、便捷舒适的自然环境的规划目的。

（4）展示型规划法

这种规划方法主要是基于一种乡村生活教育的目的，通过展示自然界农作物、动物的生态演替过程和某种农产品或者手工制品的制作加工过程，从而向旅游者展示丰富多彩的乡村生活。还可以提供一些适合旅游者参与的活动，不仅能丰富乡村生态旅游的活动形式，而且能给旅游者带来更加切实独特的旅游体验。

第八章 广西乡村旅游规划设计的案例

从总体上看，广西民族地区旅游发展尚处于初级开发阶段，在"吃、住、行、游、购、娱"等各方面都存在着诸多问题。在近期大范围实地调查中发现，旅游产品结构性失衡已成为民族地区旅游发展的主要制约因素。本章主要以广西乡村旅游的规划设计作为参照，展开了较为详细的研究。

第一节 广西乡村旅游概况

一、广西乡村旅游发展之政府相关扶持

广西乡村旅游发展主要有政府主导模式、项目推动模式、景区（保护区）帮扶模式和农户自主经营模式等，其中以农户自主经营模式为主，如三江侗族自治县丹洲农家乐、桂林市鲁家寨、龙州县下冻乡峡岗村那宋屯、凭祥市夏石镇板小屯等都是农户自主经营模式，但是都获得了当地旅游局的大力扶持，如政府出资修建基础设施等。同时，政府还实施了不少乡村旅游富民工程，如重点村的乡村旅游富民道路、停车场、厕所、步行道、垃圾污水处理设施、供水供电设施、农副土特产销售中心、消防设施以及环境整治等建设。

二、广西乡村旅游发展之四种主要模式

（一）乡村生态旅游模式

利用当地良好的自然与人文生态环境（包括独特民俗文化），开展生态休闲观光、生态养生度假等旅游活动，达到生态效益、经济效益与社会效益三统一目标。三江侗族自治县丹洲古镇依托历史文化和主导农业办起数十家农家乐，成了广西著名的乡村生态旅游景区。

（二）农家乐模式

该模式一是村屯靠近城镇及交通线，二是有特色的种养业作为支撑。以农林渔产品的种养、采摘或捕捉、加工、深加工等为依托，开发一系列的适宜游人参与互动的体验项目，通过休闲养生、趣味活动增强游人对旅游地文化的认同。农家乐模式在广西各地成为全域旅游的基础，迅速发挥扶贫作用。如南宁近郊的石埠、上林县下水源、武鸣区下渌村、阳朔县历村、凭祥夏石板小屯等都有众多农家乐。

（三）景区带动旅游扶贫模式

通过旅游景区知名度和影响力，将游客带到社区，拓宽了乡村旅游市场。如大明山景区带动环山的小陆、上朝、两江、巷贤、西燕等村屯旅游发展，扶贫效果凸显。

（四）养生保健旅游模式

该模式依托区域生态环境多样、中医药文化历史厚重或中药材生产加工基地等优势，重点发展特色医疗、疗养康复、美容保健等中医药健康旅游产品，以拓宽贫困农民增收的新渠道。例如，靖西市是历史悠久的中越边境药市，周边村民以中草药种植、交易、医疗、养生等与旅游融合，提高经济收入，带动全市乡村旅游发展。

第二节　广西阳朔住宿业

一、住宿对乡村旅游的意义

近年来对乡村旅游住宿的相关研究，大都是围绕着农家旅馆和家庭旅馆进行的。其中，住宿的必要性、作用、地位等，都是相关人士集中进行研究的部分，除此之外，还对其发展模式展开了深入探究。比如，我国中南林业科技大学旅游学院副教授彭学强对我国建设家庭旅馆的必要性进行了详尽分析，并在此基础上，对我国家庭旅馆的相关管理策略进行了深入探究。

当然，还有部分研究是针对住宿发展的现状以及在此过程中存在的各种问题，并提出了相应的对策。如桂林旅游学院酒店管理学院总支书记、院长谢雨萍女士，对阳朔乡村民居旅馆在发展过程中出现的各种问题进行了较为详细的分析等。

（一）住宿影响着旅游的总体发展

民族地区住宿业的发展与当地旅游业的发展相辅相成。在旅游六要素即"吃、住、行、游、购、娱"中，满足旅游者基本需求的"住"影响着其他五个要素，影响旅游总收入的提高。旅游住宿虽然不是旅游者进行旅游活动的最终目的，但却是其他旅游活动得以开展和继续的重要前提与保证，旅游者只有休息好了才有心情和精力参与旅游目的地的其他活动。另外民族地区旅游住宿的经济带动作用较强，通过住宿延长整个行程停留时间，可带动旅游目的地的其他消费，增加旅游总收入。

（二）住宿对目的地的积极影响

以小型民营经济出现的住宿设施，一般既充当业主一家的生活场所，又对旅游者提供服务。旅游住宿设施的完善不仅是完善旅游目的地基础设施的重要举措，而且能够改善当地居民的居住环境，通过开办住宿业村民参与旅游开发和旅游利益分享，能够有效激发村民保护民居旅游资源。发展住宿业让更多的居民从旅游业中受益，为了保护自己的利益，居民会在无形中增强保护乡村旅游资源、保护环境的意识，同时也有助于缓解乡村旅游开发中政府或开发商与当地居民、旅游者与当地居民的矛盾关系。

（三）研究阳朔住宿业的意义

阳朔位于广西的东北部，桂林市区南 65 千米，总面积 1428 平方千米，有着独特的区位优势和丰富的旅游资源。按照地域划分，可将阳朔的旅游分为七大区域：杨堤景区、兴坪景区、福利景区、高田景区、白沙景区、葡萄景区和县城景区。按照旅游项目来划分，主要有以下四种。

①农家乐，如高田历村。

②田园观光，如类似于白沙镇葡萄乡的观光农田带、瓜果园、珍稀动物饲养场、花卉苗圃；遇龙河一带的乡村田园风光游；白沙"世外桃源"田园风光等。

③休闲度假，如福利镇、兴坪渔村等地的古民居游，可以观赏、体验当地渔民的民俗风情等。

④特色旅游，如电动车、自行车乡村旅游、竹筏漂流、热气球图观光游、徒步漓江游、修学旅游、攀岩、专业外语训练基地等。

可以看出，阳朔的乡村旅游已呈现出多样化、特色化的发展态势。阳朔的旅游景区发展较为成熟，旅游者可参与的旅游活动内容丰富，大量旅游者的光临带动了旅游住宿业的发展。据统计，2017 年到阳朔的游客就已突破 550 万人次，旅游收入达 2.3 亿元。阳朔现有各类宾馆饭店 300 多家，床位 17000 多个，旅游从业人员达 3.2 万人。阳朔旅游业经历了当地农民参与的自发阶段、政府介入的政府主导阶段和成立企业的市场运作等三个阶段的发展历程。

经过近 20 年的发展，阳朔的乡村旅游取得了可喜的成绩。阳朔作为中国的旅游强县，其住宿产品发展状况比较典型，有一定的代表性。随着旅游业的深入发展，阳朔旅游住宿也暴露出一些问题，如服务质量跟不上，建设一哄而上，分布过于集中，淡季价格竞争、旺季漫天要价等。为了更好地发展旅游，有必要对阳朔的住宿产品进行探讨。一方面，可以为阳朔提高住宿服务质量和调整住宿产品提供参考；另一方面，也可以为其他民族地区旅游住宿，甚至旅游产品的其他构成要素的发展提供一些参考和借鉴。

二、阳朔旅游住宿数据分析

（一）受访者总体特征

阳朔住宿旅游者具有以下特点：总体上来看，男女比例的差异相对来讲比较小，平均年龄偏轻，文化素养较高。广西壮族自治区外旅游者占据了大半市场，不管是隶属于团队的游客，还是隶属于散客，其二者之间的比例几乎是完全一致的，同类比对的话，散客要高于阳朔周边县份。旅游者虽多，但据相关数据调查结果显示，其中大部分都是自由职业者。到阳朔旅游主要以观光为主，度假旅游者为辅，其他类型的旅游者比例较少，1/3 以上的游客会在阳朔停留两晚以上，近 1/3 的游客每年都会进行两次以上的乡村旅游。

（二）旅游住宿需求分析

1. 总体要求分析

大部分旅游者在挑选住宿旅游产品时，都会对其房间的各项设备（如电视机、窗户、空调、独立卫生间等）提出较高的要求，且旅游者对住所所在区域的用餐、交通是否便利的认可情况高度一致。大多数旅游者期望他们的住所在景区附近，以便观看旅游地区的特色，且所住的地方具备一定的星级标准。其中有 50% 以上的旅游者对住宿地点没有提出特别要求，还有 14.9% 的旅游者认为乡村旅游住宿的房间数量应该少一些，最好在 16 间以下。除此之外，期望住宿房间数在 12 间以上的旅游者占 23.6%。期望在住宿点周边停车方便的旅游者占 36.8%，期望相关从业人员具有一定素养的旅游者占 73.1%。此外，住宿价格也是旅游者所关注的一个问题，旅游者住宿价格要求多样化。

2. 旅游住宿要求分类

我们可以对旅游住宿要求采用聚类分析进行分类处理。何为聚类分析呢？实际上，它属于建立分类的一种方法，能够将一批样本数据按照它们在性质上的亲疏程度自动进行分类，每个类别为需求具有相似性的个体集合，不同类别之间具有明显的非相似性。

以受访者类别为控制变量，分别以对旅游者住宿需求进行分类的8项指标和描述旅游者的11项指标为观察变量进行单因素方差分析，显著性水平设定为0.05。结果显示，从受访者住宿产品需求角度看，在级别、建筑外观、内部装修、规模、从业人员、停车场、价格共7项上存在显著差异，而仅在住宿产品位置这一项上未显示出显著性差异。

三、广西阳朔住宿业发展途径

（一）住宿产品结构调整

通过对阳朔旅游者的调查发现，旅游者对阳朔乡村旅游住宿产品的需求分为三类，分别为高档、中档、低档，相应的需求者依次为高档次乡村旅游者、中档次乡村旅游者、低档次乡村旅游者，各类产品和旅游者具有明显的特征。另外，不论何种档次的需求，其需求共性为对房间设施设备要求高、对卫生间要求高、要求住宿所在区域交通便利、用餐方便。

（二）住宿服务质量调整

首先，评价住宿服务质量重要性的指标选择比较恰当，旅游者对所选指标重要性认可程度均较高，但对各指标进行表现评价时，其得分均远远低于重要性得分，总体来看住宿服务质量离旅游者的期望还有较大的距离。

其次，旅游者对阳朔乡村旅游住宿产品服务质量评价集中在三个方面：一是对住宿从业人员的要求，包括从业人员的基本素质和旅游相关知识；二是住宿设施设备要求，包括基本设施要求和房屋附加设备；三是住宿利益要求，包括直接获得的住宿利益和旅游相关利益。三个方面在评价住宿服务质量时重要程度基本一致。

再次，目前住宿产品中存在的最为突出、急需解决的问题集中在以下几点：从业人员要求方面，其解决实际问题的能力有待进一步加强；住宿设施方面，问题集中在隔音、安全等设备不完善及卫生间卫生状况需要提高等方面；住宿利益方面，旅游者认为目前宣传与实际提供的服务有一定差距，获得住宿产品性价比达不到旅游者期望。

最后,旅游者旅游后行为主要与从业人员是否有效地解决旅游者问询、从业人员是否针对旅游者的特别需求提供服务、住宿舒适程度、实际提供的服务与宣传情况是否一致、交通是否便利、居民是否友好密切相关,这些因素中大部分是目前服务质量中存在的薄弱环节。

第三节 广西大明山生态旅游

一、大明山生态旅游研究背景

在我国现代化发展过程中,农村社会发展相对滞后,城乡发展差距较大,当前我国农民问题被摆在更加突出的位置,引发了全社会对农村建设的广泛关注和高度重视。十七大报告指出,必须在经济发展的基础上,更加注重社会建设,着力保障和改善民生,努力使全体人民学有所教、劳有所得、病有所医、老有所养、住有所居,推动建设和谐社会。今后我国国民经济和社会发展重点应该突出"三农"问题和改善民生的问题,民生的问题应该重点放在农村,改善民生的重点要放到革命老区、少数民族地区、贫困地区、边境地区。

自然保护区是各国为保护特殊的自然环境、自然资源、生态系统而划定的区域。我国相当一部分自然保护区位于少数民族地区,这些地方大多位置偏远,工农业基础薄弱,社会结构和社会政策两方面导致了自然保护区周边社区居民经济贫困、人文贫困和知识贫困,"靠山吃山、靠水吃水"的现象极其普遍,对当地的自然保护区威胁很大。

生态旅游作为保护环境和维护当地居民良好生活的负责任的旅游形式,发挥了巨大的经济效益、环境效益和社会效益。在自然保护区内开展生态旅游,成为缓解保护经费压力、满足生态旅游者亲近自然、促进社区发展的积极做法,无论是发达国家还是发展中国家,均大力发展生态旅游产业。自然保护区生态旅游开发、经营和管理,均涉及多个相关利益主体,各个利益主体关注的利益不一致,导致生态旅游中出现了诸如资源破坏、生物多样性受影响等不和谐的现象,给自然保护区保护工作带来极大挑战。如何在生态旅游开展过程中让更多社区居民获利成为国内外学者关注的议题。1985 年,墨菲出版了《旅游:社区方法》一书,引入了社区参与的概念,开始尝试从社区的角度研究和把握旅游。

1997 年 6 月,世界旅游组织、世界旅游理事会与地球理事会联合颁布了《关于旅游业的 21 世纪议程——实现与环境相适应的可持续发展》，明确提出将社区居民作为旅游发展的关怀对象之一。在不破坏自然资源的前提下，对自然保护区进行开发，通过社区参与使得当地居民收入增加，能有效地推动当地经济得到发展，许多学者认为社区参与是生态旅游内涵的一部分。

国外旅游学者随后对社区参与问题进行了深入的研究，一系列的理论研究在案例中都得到了很好的阐释：佩蒂根据动机、方式等特征的不同，将社区参与划分为 7 种形式，从操作性参与到自发参与等；塞尼认为社区参与是当地居民充分发挥自身的能力来管理资源、制定政策和进行控制；布兰登进一步提出了更为主动的概念，认为社区参与是使旅游地社区"获利于"旅游而不是"受利于"旅游。建设自然保护区与周边社区为一体的和谐社区是一项系统工程，必须坚持以人为本，切实解决周边社区群众最关心、最直接、最现实的利益问题。

二、大明山自然保护区生态旅游

大明山自然保护区的旅游服务设施集中在橄榄服务区，包括明顶山庄、龙腾宾馆、云林阁饭店、度假村木屋群、野菜馆、商店医疗点等，随着旅游设施的完善，大明山的旅游迈上了一个新的台阶。

大明山管理局下属的国有独资企业——大明山旅游开发有限公司负责具体的旅游招商引资和市场运作工作，即大明山自然保护区生态旅游开发管理工作由大明山管理局执行。大明山自然保护区从事旅游经营活动的企业是以餐饮和住宿为主，包括大明山下属企业、国有投资控股企业、私营企业、个体企业，共有床位约 700 个。大明山旅游者接待呈逐年上升趋势，统计资料显示 2001 年的接待量为 2.75 万人次，2018 年达 18 万人次。经过近 20 年的发展，大明山已经初步形成了以南宁、武鸣、马山、上林以及区内附近城镇居民为主的客源市场格局。

大明山国家级自然保护区周边涉及 1 个市、4 个县、11 个乡镇、69 个行政村，分别为南宁市上林县的 7 个乡镇 35 个村、马山县的 1 个镇 5 个村、武鸣县的 2 个乡镇 26 个村和宾阳县的 1 个镇 3 个村。民族主要有壮、汉、瑶，其中壮族 26 万人，占 84%，其次是汉族 4 万人。社区主要经济活动分为种植业、养殖业、采集、务工四个类型。种植业经营有农作物和经济林，农作物种植有水稻、玉米、木薯、花生等，他们生产的粮食用于家庭自给或少量出售，经济林主要以八角为主。

自然保护区开展生态旅游建设和管理工作，应当妥善处理与当地经济建设和居民生产、生活的关系。实际上,大明山周边社区中纳入风景区范围的行政村所占的比例比较低。然而,位于自然保护区内及周边的社区虽具备资源环境优势,但受自然保护区资源环境约束和自身人文基础薄弱的限制,社区居民的生存和发展问题成为生活中迫切需要解决的现实问题。

目前,通过乡村民营经济扶持自然保护区周边社区群众,已经开始了实践探索,但总体来讲还存在诸多的问题。调查发现,大明山周边社区居民对生态旅游的参与具有很强的主观愿望,他们普遍希望能够通过成为旅游景区工作人员、自己创办旅游经济实体的形式来实现旅游参与。

三、大明山生态旅游利益相关者

国外和国内的很多学者已经对生态旅游利益相关者的界定做了系统的研究。根据斯瓦德布鲁克的研究,可持续旅游的利益相关者包括政府机构、当地社区、旅游业、旅游者、志愿部门、专家、媒体等。对浙江天目山自然保护区相关利益者分析表明,同时拥有合法性、权力性、紧急性特征的确定型相关利益者主要包括自然保护区管理者、农林收入为主的当地居民、非农林收入为主的当地居民和当地乡镇政府,而科技工作者、环境保护组织、旅游开发者、当地与林业相关的公司或企业、一般社会公众、宗教团体、旅游观光者、妇女组织、媒体、金融机构等则是天目山的预期和潜在利益者。

谭红杨则认为自然保护区生态旅游核心利益相关者为政府部门、旅游企业、旅游者、自然保护区、当地社区。作为可持续旅游的一种实现形式,自然保护区生态旅游的利益相关者要考虑到自然保护区和旅游区的特点,具体到大明山国家级自然保护区生态旅游开发中,根据利益相关者"影响与被影响"的定义,将大明山的利益相关者界定为大明山管理局(旅管委)、生态旅游经营者、社区居民、旅游者、当地政府、社会媒体、林业部门等。

在大明山自然保护区生态旅游开发实践中,主要利益相关者是指那些在生态旅游规划、开发与管理中直接拥有经济利益、社会利益以及道德利益的群体。他们是大明山自然保护区生态旅游生存和发展的根本,对大明山自然保护区生态旅游的发展具有直接影响,任何一方的利益不均都会对大明山自然保护区生态旅游的开发和发展产生负面影响。同样,大明山自然保护区生态旅游开发也会对他们产生重要影响,大明山自然保护区生态旅游的开发决策和开发过程将决定各主要利益相关者参与旅游开发的兴趣以及利益分配问题,在大明山自然保护区生态旅游规划、开发和管理的各个阶段,都必须充分考虑他们的利益。

大明山自然保护区生态旅游开发中居于核心地位的主要利益相关者有四类：社区居民、大明山管理局（旅管委）、旅游者以及生态旅游经营者。这些利益相关者在大明山自然保护区生态旅游的发展过程中处于十分关键的地位，没有他们就没有大明山自然保护区生态旅游的发展，因此他们被纳入大明山自然保护区生态旅游利益相关者体系的核心层。

四、大明山生态旅游主要利益相关者利益诉求分析

（一）主要利益相关者利益诉求调查

广西大明山国家级自然保护区将旅游明确定位为生态旅游，因此，主要利益相关者的利益诉求要求体现出生态旅游的内涵。国际上初步形成了生态旅游的三大核心理念：保护、负责任和维护社区利益。大明山管理局负责对大明山自然保护区生态旅游实行统一规划和统一管理，其主要职责是在促进保护事业发展的同时，推动生态旅游发展和地方经济发展，具体包括理顺利益相关者关系、完善相关制度等，切实寻求生态系统保护与资源开发利用的平衡点。大明山生态旅游经营者是在大明山自然保护区生态旅游开发中直接取得经济收益的一类利益相关者，从公司治理的角度来看，如果把大明山自然保护区生态旅游开发过程看作一个公司治理的过程，那么生态旅游经营者就扮演着股东的角色，而古典经济学中的股东的利益要求就是追求最大化的经济利益，所以生态旅游经营者必然以追求经济利益为其目标。

当然，生态旅游经营者与股东相比，他们又有着特有的群体特征和利益要求取向，那就是要为当地社区的发展承担更多的社会责任，不能一味地去追求经济利益，而要为生态旅游开发区域的生态环境负责，不破坏当地的自然资源和生态环境，不以牺牲环境的代价来换取目前的经济利益。目前，大明山生态旅游经营者主要为在大明山国家级自然保护区内投资生态旅游餐饮经营和住宿经营的各个宾馆以及从事餐饮服务的小摊贩，其经营应该体现出经济效益、社会效益、环境效益的协调统一，包括自身从旅游开发中获取合理利润、扶持当地居民就业、利益分配适当向社区倾斜、自觉维护环境等。与传统旅游目的地比，生态旅游目的地要能够为旅游者提供原生态的旅游景观，能够让旅游者在旅游过程中增进对自然的了解，并且要注重旅游容量控制。

与大众旅游者一样，生态旅游者关注旅游安全、价格、服务质量，且生态旅游者的责任表现在具备环境保护行为、尊重当地居民传统等方面。生态旅游的内涵之一是促进当地社区的发展，也是大明山自然保护区生态旅游开发成功

的关键因素。中国大部分自然保护区处于贫困偏远地区，这些地区经济基础薄弱，结构相对单一，且对自然资源的依赖程度较高，发展社区经济的要求不仅是正当的，更是迫切的。在很多案例的研究中，旅游目的地与社区居民的关系处理不好会给旅游景区的开发带来毁灭性的影响。

究其深层次的原因，就是社区居民没有从旅游景区开发中获得一定的经济利益，甚至损害了他们既有的利益。社区居民参与生态旅游开发、经营是其获益的有效途径，从保持社区多样性文化角度看，当地居民的生活方式应该得到尊重。考虑到各个主要利益相关者的合法性、权利与义务一致性，将大明山管理局、生态旅游经营者、旅游者和社区居民利益诉求归纳为31个指标。

（二）主要利益相关者对利益诉求的总体看法

对回收的有效问卷采用SPSS15.0进行统计分析。大明山生态旅游主要利益相关者对上述31个指标的评价均值中，其均值在1.00～2.49表示反对，2.50～3.49表示中立，3.50～5.00表示同意。除了生态旅游经营者和社区居民对"景区控制旅游者数量"的期望的平均值分别为3.10、3.33，其余指标得到主要利益相关者的认可，即大明山自然保护区生态旅游开发中的各类主要利益相关者都对各自及其他利益相关者提出了很高的期望。在这些利益要求中，不仅包括了各类主要利益相关者的核心利益要求，而且包括了作为生态旅游开发中的主要利益相关者应该承担的生态责任和社会责任。由此可以看出，各类主要利益相关者对大明山自然保护区的生态旅游未来的开发和发展都比较看好，也都希望为和谐开发大明山自然保护区的生态旅游做出贡献。

（三）主要利益相关者对利益诉求看法的偏差

1. 就生态旅游者利益诉求而言

社区居民对相关利益看法较淡漠，而旅游者要求较高，可以看出社区居民对生态旅游的理解比较肤浅，这将在一定程度制约其生态旅游开发的有效参与，同时，其参与旅游开发和经营的管理难度较大。旅游者与大明山管理局对旅游价格合理、旅游交通便利这两项指标的看法虽然有明显差异，但大明山管理局比旅游者提出的期望值还要高，大明山管理局在指导思想方面对价格和交通的足够重视，将有利于生态旅游的发展。大明山生态旅游经营者对旅游者提出的要控制旅游者数量的要求的评价得分与旅游者的期望值相去甚远，两者对此项指标的评价得分均值之差达到0.952。控制游人数量，是保障生态旅游景区长久发展的举措，若大明山因发展需要控制游人数量时，势必遭到生态旅游经营者,尤其是势力强大的生态旅游经营者的反对。

2. 就生态旅游经营者利益诉求而言

生态旅游经营者与旅游者的认识相当一致。大明山管理局对生态旅游经营者提出了不破坏环境和资源的生态要求,而生态旅游经营者对生态要求的认识明显低于大明山管理局的期望,因而在实践中生态旅游经营者难以处理好保护与开发的关系。社区居民在就业、合理分配旅游收益方面对生态旅游经营企业所提出的要求明显高于生态旅游经营者的期望,而生态旅游经营者对旅游开发需要与当地生态环境相协调的意识比社区居民强。

3. 就大明山管理局利益诉求而言

社区居民除对与自身直接经济紧密相连的利益诉求与大明山管理局保持一致外,其与大明山管理局的其他利益诉求的期望均存在显著性差异,表现为对大明山管理局将采取的提高社区居民参与生态旅游、保障自然保护区功能发挥的决策、培训、宣传教育积极性较低,这一点与生态旅游经营者的看法类似。旅游者虽然对完善生态旅游相关制度,对保护区从业人员、居民、旅游经营者、旅游者提供生态旅游宣传教育,改善当地人生活水平的看法与大明山管理局存在显著差异,但二者并不会因为大明山管理局落实上述指标的行动而导致明显矛盾。

4. 就社区居民利益诉求而言

大明山管理局与当地社区居民在认识上是存在一定差异的,其相互间的差异主要在以下两个方面表现较为突出。

①当地社区居民所重视的是旅游开发给他们带来的直接收益。如在旅游开发中获得就业机会、获得较高的经济收益等,但随着旅游活动的不断增加,也会对当地社区居民的生活带来一些干扰。

②生态旅游经营者对当地社区的责任权利不对等,一方面对当地居民支持旅游开发工作的期望超过社区居民的期望,而另一方面对社区居民从旅游开发中获得经济收入这个利益要求的评价要低于社区居民的期望。

旅游者对旅游的间接开发,无形中增加了当地居民的就业机会、获取高额旅游征地补偿以及社区居民对旅游发展的支持,虽然不符合社区居民的意见,但旅游对相关工作的影响甚小,所以两者之间没有明显的矛盾。

利益相关者的行为在很大程度上会受到利益期望的影响,部分人员对大明山的主要利益者所持有的利益期望进行了综合分析,得出了以下结果。

①就目前而言,大明山管理局对当地的旅游开发进行了较为明确的生态定

位，并在此基础上不断致力于声讨旅游者利益的实现。由此不难看出，大明山管理局与到大明山旅游的游客之间是不存在明显矛盾的；景区游客容量控制问题是旅游经营者与旅游者之间的主要矛盾；而对旅游开发以及经营意识的不一致则是当地社区居民与旅游者之间存在的主要矛盾。

②大明山生态旅游开发促进了保护事业的发展，并得到了大明山管理局的认可，但这一点并没有得到社区居民的普遍认可。大明山管理局在落实与社区居民的旅游合作、旅游收益分配、旅游影响评估、旅游培训、宣传教育等方面工作时，将面临社区居民理解不到位而导致的冲突。

③大明山管理局与旅游经营者之间的冲突表现在如何处理好开发与保护的关系，尤其是对今后可能实施的控制景区游客数量的做法和看法的分歧较大，另外，生态旅游经营者对完善生态旅游相关制度的重要性认识不够。

④生态旅游经营者，一方面希望社区居民能够支持生态旅游开发工作，另一方面对社区居民优先获得工作机会、旅游收益回报社区等社区居民非常看重的利益又不甚重视，致使社区居民与生态旅游经营者之间的责任与权利不对等而可能产生冲突。

五、以乡村民营经济扶持自然保护区社区发展的对策

（一）完善生态旅游制度，明确主要利益相关者的权利与义务

在大明山自然保护区生态旅游开发中，需要制定一套完善的生态旅游制度，用制度的形式把各个主要利益相关者的权利和义务确定下来，以改变不同的利益相关者针对其他利益相关者的利益要求出现评价差异，以及在行动中出现损害其他利益者利益的行为。

在大明山自然保护区生态旅游开发中，各类主要利益相关者的利益要求之间互相关联，很可能存在某个主要利益相关者的核心利益要求恰恰就是另一主要利益相关者的义务的现象。这类主要利益相关者在生态旅游制度的约束下，既能享有大明山自然保护区生态旅游开发中所具有的权利，又要切实履行制度给其规定的义务。目前，大明山管理局重点是要协调大明山生态旅游经营者与社区居民的责任与权利。

（二）自然保护区生态旅游倡导区内游、区外住

自然保护区的核心区、缓冲区、实验区具有明确的功能定位，生态旅游活动的开展地要严格控制在自然保护区的实验区，把旅游产品开发以及设计的旅

游线路都集中在实验区，保障核心区没有游客进入，以有效保护核心区的自然生态系统、生态环境和珍稀动植物。

目前，大明山服务区的接待能力已不能满足旅游业发展的需求，旅游对环境的负面影响已开始凸显。在全球可持续发展的大背景下，从国际旅游发展的趋势来看，在自然风光基础上有当地居民文化、生活生产方式构成的人文景观是生态旅游地具有很大开发潜力的旅游产品。充分挖掘大明山周边社区壮族龙母文化和壮族民俗文化，开展具有浓郁地方特色的民间文化艺术和娱乐活动，弘扬民族民俗文化，不仅能满足旅游者多样化的需求，为当地社区居民提供参与旅游开发的机会，而且能更好地在保护中进行旅游开发，可以大大缓解山顶过分拥挤的现象，减轻保护区内环境压力。自然保护区生态旅游应倡导区内游、区外住，利用周边社区农村特有的民俗文化作为农业观光休闲活动的内容，让旅游者体验农业生产与农家生活的变迁过程。

目前保护区周边社区房屋建设比较杂乱，将来在改造后服务于旅游业的过程中，应引导当地居民按照壮族特色统一规划建设，旅游区内所有建筑物设计应以壮族风情为主，体现自然生态主题特色。整治周围环境，把村寨建设成一个能让游人体味到原汁原味壮族民居风格的好去处，以满足观光游客住宿、娱乐等多种需求，积极引导和促进保护区与社区经济协调发展。

（三）提高社区居民的生态旅游意识

从大明山社区居民的角度看，社区居民年龄结构不合理、文化程度偏低及当地家庭生活水平普遍低下是造成冲突的主要原因。当地经济结构单一，很多家庭主要靠青壮年外出打工维持生计，调查中大部分受访村民年龄偏大，而大部分人仅仅上过初中。受访者对大明山自然保护区生态旅游的理解不到位，造成了对生态旅游者的多项利益要求存在理解偏差。

广大乡村地区，社区居民创办小型民营旅游经济实体是参与旅游开发并获得收益的最直接和有效的方式，这类实体的创办人通常具有丰富的打工、经商或管理经历，且以中青年为主，资金由家族成员共同出资，以夫妻店为典型代表，相对于农村经济发展水平，具有投资高的特点。根据其他农村地区发展旅游业的经验，社区居民参与旅游通常是由点到面，即由最初几家的参与，到在其成功经营的示范下，社区居民参与旅游的积极性高涨，不断有家庭加入旅游开发中。目前，大明山周边留守的社区居民绝大多数并不具备参与生态旅游的有利条件，为鼓励大明山周边社区居民参与生态旅游开发，大明山管理局应采取一定的激励机制，鼓励一部分人先期参与旅游开发，争取起到示范带动的作用。

收入水平、文化程度、工作经历、投资风险规避倾向在旅游参与方面具有重要作用,因此示范户要优选上述条件较优的村民,重点做好留守社区居民支持旅游发展的工作和吸纳在外工作的本地青壮年回乡参与生态旅游开发工作。

第四节 广西代表性乡村生态旅游示范村

一、黄姚古镇历史文化旅游镇

黄姚古镇位于广西贺州市昭平县东北部,距桂林 200 千米。古镇发祥于宋朝年间,有着近 1000 年历史。自然景观有 8 大景、24 小景;保存有寺观庙祠 20 余座。亭台楼阁 10 多处,多为明清建筑。2007 年被国家文物局列为第三批"中国历史文化名镇",2009 年被文化和旅游部批准为 4A 景区。古镇周围环山,姚江、小珠江、兴宁河交汇,由龙畔街、中兴街、商业街区三块自成防御体系的建筑群组成,并通过桥梁、寨墙、门楼巧妙地连接在一起,形成一个整体。现有 8 大姓氏,9 个宗祠,2 个家祠,民居建筑多为同一姓氏围绕祠堂中心修建并向外辐射。出于抵御战乱与防盗的防御与安全需要,无论是单体还是整体的建筑布局都有着较强的防御功能。

龙畔街、中兴街主要是大户人家的生活区,安乐—金德—迎秀—连理—大然街是商业贸易区,姚江两岸的公共建筑是休闲娱乐区。主要景点有广西工委旧址、古戏台、鲤鱼街、仙人古井、安乐寺、钱兴烈士像、守望楼、司马第、龙爪榕等,以及古镇里的门楼、古戏台、古街、古井、民居、宗祠、庙宇、桥、亭、匾等有形建筑遗产,特别是作为整体出现的古镇聚落环境。古镇明清古建筑保存有 300 多幢,面积达 1.6 万平方米,完整保存 8 条石板街,全部用青石板砌成,全长 10 多千米。还有亭台楼阁 10 多处,寺观庙祠 20 多座,特色桥梁 11 座,楹联匾额上百副。黄姚古镇的民俗活动很有特色,如大年初二舞鱼龙等,还有唢呐、提灯、五花阵、扮龙、舞板凳龙、舞狮、舞鱼、舞龙等近 20 个当地民间传统表演节目。古镇特产有黄姚豆豉、黄精及黄精酒。这充分体现了桂东地区极高的艺术价值和文化价值。

黄姚古镇属历史文化和民俗依托型。2008 年,广西壮族自治区要求严格按照《中华人民共和国城乡规划法》《中华人民共和国文物保护法》和《国家历史文化名城名镇名村保护条例》的要求对黄姚历史文化名镇及其文物进行管理。黄姚古镇在规划开发的同时,要注重保护景区内外的景观,并按照"修旧如旧"的原则,对破旧的建筑或景观妥善地修复,尽量恢复原来的面貌。对古镇风景名胜区内的古建筑、古树名木、古墓葬、摩崖石刻、革命遗迹和其他重要的人文景观设立保护标志，落实防护措施。黄姚古镇属历史文化依托型，是广西现存最有价值的人文生态旅游目的地之一。

另外，田阳农业科技示范园利用现代科技引导带动周边乡村旅游发展，属科技依托型；那坡县吞力屯黑衣壮村寨传统民间艺术推动乡村旅游发展，属创意主题型。

二、百色市百成生态园旅游探索试点

其位于百色市右江区龙景街大和村，距离百色市区10多千米，由广西百成有机农业有限公司经营。生态园整合村里约26 667平方米土地，种植哈密瓜、草莓、杨梅、桑葚等外地水果，同时经营采摘、聚会、烧烤、垂钓、休闲棋牌等乡村休闲旅游产品。2016年已建有40个大棚，每个棚哈密瓜产量为1000～1500千克。每千克8元，基本被游客买光。收完哈密瓜后种草莓，还有一口大鱼塘，养殖罗非、鲤鱼、草鱼、鲶鱼、甲鱼、鸭、鸡等，雇工10多人，可供散客或单位团体聚餐、休闲活动。

该园是农户完全自主经营模式的一个代表，在做好实体经济即有支柱农作物的同时，将种、管、收、销各环节与旅游互动紧密联系在一起，让游客全方位体验生态农业过程。虽然是处于起步阶段，却是在精细旅游方面进行着有益探索。相关部门应给予其政策和资金方面的大力支持，其做法和发展思路都可供其他农家乐借鉴。

三、恭城瑶族自治县红岩生态农业旅游村

红岩生态旅游新村位于恭城瑶族自治县莲花镇，距离县城很近，交通和通信十分便利。秀美的马头山山下，莲花河流经该村，河畔翠竹林立、绿柳成荫，河水清澈缓流，自然环境十分优美；村里还有一些古建筑、拴马石、牌匾等古遗迹，有一定的文化底蕴。全村有农户95户，人口390人，现在是恭城瑶族自治县最大的无公害水果生产基地——莲花镇莲塘岭无公害月柿标准化栽培示范基地，全村不但有百年古柿树，2017年还新种植了月柿420 000平方米。年产量达2850多吨，年人均收入达4200多元。

同时，恭城瑶族自治县把红岩村正式确立为富裕生态家园建设示范村，按照"高起点、高标准、高质量、高要求"进行规划和建设，对全村的生态环境与道路、水利、种植、养殖、绿化、环境卫生等进行整体规划，实现经济、社

会与生态环境协调发展。现已建成 31 户独立别墅式农家小楼、瑶寨风雨桥、滚水坝梅花桩、大小型停车场、旅游小道、环园路、观景亭、环境绿化、大型养猪场、联用大型沼气池等。全村村民大力引进先进技术，实施无公害月柿标准化栽培，同时利用屋前房后建起了 10 多个小鱼池，开展科学养鱼，同时减少果园农药使用，确保无公害水果生产，优化了环境，增加了收入。村民还大力发展生态农业旅游业，万亩月柿园观光、庭院养殖观光，吃、住、玩一条龙服务设施建设正在逐步完善，月柿也成为上好的旅游商品，第一、第三产业逐步融合发展。

红岩村乡村旅游属产业依托型，主要是依托支柱农业柿子种植，但发展迅速还得益于政府在资金和技术上的支持。此外，村委会和村民一起坚持在发展生态农业的基础上同时发展生态旅游和精细旅游，以新型生态农村面貌吸引生态旅游者。

四、富川瑶族自治县秀水历史文化旅游村

秀水村位于富川瑶族自治县朝东镇潇贺古道东南一侧，距县城 30 千米，距梧州市 260 千米，距桂林市 190 千米，相传是唐开元年间先民乘车自秦古道迁徙而来建村，绵延繁衍至今。

秀水村由水楼、安福、八房、石余 4 个村组成，保存了大片的明清时期古民居建筑群。有状元庙、状元楼、进士门楼、心心相印树、毛氏宗祠、明清民居、如斯夫戏台、仙娘庙、仙娘井、石板街巷古建筑群和明清风格的民居村落。更有延绵千载不衰的文脉风水，保留着上至皇帝下到知县赐封、贺赠的匾额，匾款花式各异、琳琅满目，堪称是小型中国文教史博物馆和宋元明清古民居露天博物馆。秀水村又称状元村，自唐代以来出过 1 名状元、26 名进士和数百名举人。自中国恢复高考制度以来，该村考取全国各重点名牌及普通院校的大中专生人数就达 120 多人。

秀水村被列为自治区近期培育的重点旅游区，纳入桂东历史文化宗教名胜旅游线，融入桂林大旅游圈中。秀水村是广西 37 个重点旅游建设项目之一，项目总投资 16 888 万元，主要建设内容有毛氏宗祠、状元花坪、状元学堂古门楼、状元楼、古戏台、古民居、古祠堂、古书院、花街石路、八方商业街、石余商业街等古建筑和遗存的修缮与利用；状元岩、赐福洞、状元公园、民俗风情园、青龙湖等游览项目；特色商业街、特色饮食广场、休闲别墅、野营踏青区等接待服务设施；道路交通，自然环境与古民居保护工程、生态环境与保护工程等。

秀水村乡村旅游属历史文化依托型，其发展得到了政府的大力支持，应合理利用上级拨款完成传统建筑的修缮，充分重视保存完整的古迹，加强宣传厚重的历史文化。这给后人展示了不可多得的历史遗存，大大地丰富了广西历史文化和民族文化。这些宝贵的经验值得向各地推广。秀水村不愧是具有广阔发展前景的乡村历史文化旅游景区。

五、三江侗族自治县丹洲多元化农家乐旅游村

丹洲村地处三江、融安两县交界处柳江一个江心洲，面积 1.6 平方千米，居民 1058 人。南距柳州 130 千米，有 209 国道线、枝柳铁路线、融江航线通达，交通十分便利。景区曾是明清两朝的县城，遗留下许多 400 年前的古迹，主要有福建会馆、古城墙、古书院、东门、柚子林、古县衙门、城隍庙、古民居建筑等。全村以种植沙田柚为主，共有约 1100 棵柚树。年产沙田柚 30 多万千克，果质味甘清甜。每年 11 月柚子节，游客可参与摘柚子、搬柚子、运柚子、卖柚子、做柚子菜等互动活动。

景区是集古镇风光、农业生态田园体验、农家餐饮休闲娱乐等功能于一体的全国农业旅游示范点，历史文化底蕴厚重、岛洲水景独特、自然环境幽雅、田园风光和谐。全村直接从事旅游的人数达 800 多人，间接从事的有 1000 多人，农家乐旅馆 52 家，床位 800 多张。旅游接待人数达 13 万人次，带动当地消费 900 多万元。

丹洲古镇创建农业旅游示范点主要有以下几个方面。

①县、镇、村三级全力以赴将创建工作与发展乡村旅游结合起来，全面指导村民多元化创办农家乐。

②做好旅游宣传推介工作。2010 年以来，镇政府投入 13 万元资金强化旅游宣传工作，成功举办丹洲村第三、四届柚子节，"世外桃源"自驾游活动等。各级媒体宣传丹洲旅游的新闻报道共 116 篇次，不断提高了丹洲旅游景区的知名度。

③加强全面管理，确保旅游发展稳中有升。2013 年成立了丹洲生态古迹管理协会，制定旅游管理规章制度，加强农家旅游经营管理和培训；2014 年成立丹洲生态古城旅游有限责任公司，强化旅游内部管理和市场开发能力；对古老房屋建筑整治强调"修旧如旧"；坚持不懈抓好环境卫生管理。

④不断完善旅游景区基础设施建设，包括景区接待中心、垃圾处理场、停车场、新码头、公厕、指路牌、警示牌、指示牌等。

丹洲村乡村旅游属复合型,既依托历史文化和当地民俗,又有支柱产业——柚子种植等实体经济的支撑。村民主动多元化创办农家乐,推动着乡村旅游业发展。成功经验值得在全广西乡村旅游推广。

第九章 广西乡村旅游经济发展的策略

乡村旅游经济能否健康成长,除了受自身条件的影响外,还受到外部环境的影响。乡村旅游经济从创立到发展壮大,除了自身努力创造良好的内部环境外,还需要一个十分宽松的外部环境,认清乡村旅游经济发展受到的内外部制约因素,构建乡村旅游经济专业合作经济组织、理顺并协调利益相关者的冲突、构建乡村旅游经济发展机制将有利于促进乡村旅游经济的健康发展。

第一节 广西乡村旅游经济发展的政策建议

一、制约乡村旅游经济发展的内在因素

(一)经营资源缺乏

乡村旅游经济经营资源缺乏集中表现在资金、技术、信息、人才等方面。乡村旅游经济往往以非正式组织的形式存在,难以找到对口支援组织,仅靠旅游行政管理部门的指导和支持,难以获取旅游经济所需的资源。经营者缺乏正式的交易记录和信用记录,银行、农村信用社因贷款成本高、风险大,造成乡村旅游经济普遍面临贷款难,难以筹措到足够的资金进行扩大生产与经营。用电脑进行管理是乡村旅游经济发展的必然趋势,但农村普遍缺乏信息网络运行的基础条件,旅游经济与外界信息和技术交流受到极大限制。

(二)经营者素质偏低

目前,乡村旅游经济经营者的文化素质偏低,个人可利用的社会资源也普遍偏少,普遍缺乏企业家应具备的精神和素质,缺乏促进经济可持续发展的胆识和气魄,导致投资盲目性较大,旅游经济成功率较低,经营者过于追求目标短期化,获取近期利益,却不注重实体的长远利益和可持续发展。

（三）经营管理方式落后

受乡村旅游经营者自身素质的限制，旅游经济的内部管理水平低，旅游产品和服务的定位不准，管理水平落后。乡村旅游经济的经营管理理念大多还停留在等客上门的阶段，常以个人的见解认识设计旅游产品，缺乏与旅游者的有效沟通，提供的产品和服务仅能满足旅游基本需求，无法提供个性化服务。受农村长期封闭的影响，经营者之间相互交流少，尤其缺乏主动的经营管理方面的交流。经营者缺乏主动学习的意识，且自身学习能力欠缺，需要外界帮助以提高其能力。乡村旅游经济的管理方式落后，缺乏明确的经营管理目标，生产经营的盲目性较大，对所需资源获取方式单一，资源利用率低。

（四）经营对社会环境负面影响凸显

随着乡村旅游经济数量的扩张和经营规模的扩大，出现了旅游发展与农业生产的用水之争，旅游接待中产生的废气、废水和垃圾对乡村的良好生态环境造成了一定的负面影响。此外，由于乡村商业气息渐浓以及村民市场意识的觉醒，乡村的原有文化和生活习俗遭受现代商品经济的挑战。乡村旅游经济以特色民居作为主要接待场所，大量砍伐树木做建筑材料，致使水源减少，而旅游业用水量增大，致使农业生产用水难以保证。另外，污水处理设施的缺乏，使得旅游产生的污水直接排放造成良田无法耕种，导致非民营经济的社区居民对旅游开发产生抵触情绪，原来和谐的社会关系也变得比较紧张。

二、制约乡村旅游经济发展的外部阻力

（一）制度阻力

制度是确保旅游经济发展的有力支撑，制度的缺失和不完善不利于促进乡村旅游经济的建立和发展。乡村旅游经济制度供给不足主要表现在：政府投资公益性项目、扶农项目还很少，尚需加强优化乡村旅游投资环境和增强社区居民自我发展能力的制度保障；民营经济市场准入制度方面，规定的进入门槛较高，申报程度复杂，没有针对性的税收优惠政策，阻碍社区居民创办正式的旅游经济；土地使用权流转缺乏在乡村旅游经济领域的成功实践，土地制度对企业和个人土地承包优惠方面有待加强，需进一步简化土地审批的手续；银行、农村信用社等金融机构对旅游经济的金融支持和服务十分有限，社区居民自筹资金能力有限，难以解决创业资金和扩大再生产资金；缺乏对社区居民的对口人才扶持项目。

（二）市场阻力

乡村旅游市场的良性运行需要深入了解乡村旅游者的需求，并将其作为乡村旅游经济经营管理工作的重点。总体来看，乡村旅游经济的经营缺乏市场拓展的能力和动力。受制于个人素质及市场信息不对称，乡村旅游经济提供的产品和服务出现了有效供给不足，并在某些领域出现供大于求。由于没有现实可行的市场规章制度和执行标准遵守，在有限的客源市场内，经营者使用各种竞争策略，造成市场管理混乱，竞相拉客、服务质量低下、以次充好等不良经营行为，以及随意定价、互打价格战等恶性竞争和不公平竞争现象，在局部地区引起了旅游者的反感。

（三）其他阻力

乡村旅游经济的可持续发展离不开良好的社会公共关系，由于缺乏与政府、旅游消费者、旅游产品上下游企业、旅游竞争者、银行信用社、行业协会、民间教育培训机构、大学人才基地的良好沟通、协调，其生存环境不被相关机构关注。乡村旅游经济筹建前急需的创业咨询、法律咨询、技能培训、信息等服务得不到及时有效的供给和满足，极大挫伤了社区居民创办旅游经济的积极性。

三、促进乡村旅游经济发展的建议

（一）提升乡村旅游地位

旅游业的发展对经济社会发展的贡献极大，根据《国务院关于加快发展旅游业的意见》中提出的"把旅游业培育成为国民经济的战略性支柱产业和人民群众更加满意的现代服务业"的思想，要加速旅游产业发展，推动农村地区产业结构调整。加速旅游产业扩张，延伸旅游产业链，提升旅游业在第三产业中所占的比重。各级政府要高度重视旅游业，结合地方的实际情况，将乡村旅游发展成为地方经济转型升级的力量。

乡村旅游业发展牵涉到多个部门，要重点关注和协调解决旅游业发展中的重大问题，建议政府部门建立相应的协调机构，负责做好相关政策的研究制定和协调统筹工作。目前乡村旅游的发展急需财政部门、建设部门、环保部门、质监部门、金融部门的支持。财政部门要不断加大对旅游业发展的支持力度，研究落实对旅游业加大投入的政策体系和实施措施，不断改进支持方式，引导和鼓励社会资金投向乡村旅游业。城乡建设部门要积极推进乡村旅游景区景点的建设工作，做好旅游基础设施和重点乡村旅游景区发展规划。保护好农村环境是乡村旅游的基础，环保部门要搞好乡村旅游景区和周边环境治理、污染防治和生态保护。质监部门要加强对乡村旅游经营者产品和服务的监督，激励和引导旅游行业提升服务质量和竞争实力。

（二）加强政府扶持乡村旅游经济的职能

政府在乡村旅游经济的发展过程中起着举足轻重的作用，政府担负着多重任务。政府应充分发挥其在引导、服务民营经济中的作用。

1. 制定政策和法律，发挥政策引导作用

发挥政策的引导作用，主要是通过政府制定经济政策，完善乡村旅游经济相关的法律和法规。一是要建立民营经济获得市场机会的法律和促进民营经济经营稳定的法律，用法律的形式保证乡村旅游经济的合法权利。加强民营经济立法工作，并细化到各行业，争取能落实到旅游行业的具体部门。建立健全适宜乡村旅游经济金融的法律法规、信用保险法律法规。二是政府应该制定良好的优惠的税收政策，如在创立的前几年内免税、减税政策，鼓励乡村旅游经济的创立，同时致力于减轻经济的税收压力和生存压力。三是政府应该完善乡村旅游经济的金融政策。督促金融机构减少乡村旅游经济的贷款限制条件和手续，增加小额信贷的数量，扩大乡村旅游经济的融资渠道，解决融资难和流动资金缺乏的"瓶颈"限制。四是完善的法规是乡村旅游经济健康发展的必要保障。由于起步较晚，乡村旅游经济处于一个初步的发展阶段，市场法规很不完善，市场秩序较为混乱。全面清理和完善现行法规，营造公平竞争的法制环境，依法取消在用地、办理证照、收费等方面不利于乡村旅游经济发展的规定，依法保护民营企业经营者及其从业人员的合法权益，同时，以法规的形式明确乡村旅游经济的社会责任。加强对乡村旅游经济的约束和监督，防止违法经营、违章经营，避免破坏社会环境和生态环境的行为的发生。

2. 营造良好的环境，发挥政府的服务作用

乡村旅游经济的发展需要一个比较宽松的环境，除了良好的外部政策外，政府需要加大在道路、交通、水电、通信等基础设施方面的投资，完善乡村旅游经济的服务设施。广西少数民族地区大多处于地理偏远的山区，基础设施方面仍是制约旅游经济发展的一大要素。除了硬件设施的缺乏，商业环境、服务等方面的设施更是不足。在为民营经济提供创业机会、简化创业手续、降低创业成本、完善政府服务机构服务职能、提高服务意识、为民营经济提供各种有效信息和其他公共产品方面，政府的角色缺位尤为明显。因此，下一阶段的重

要任务就是要转换政府职能，明确政府的服务角色，发挥政府在基础设施、服务设施、信息提供、为民营经济进行对外宣传促销等方面的作用与功能。此外，政府部门应该注意协调和明确部门间的分工，确保旅游扶贫机制下为乡村旅游经济的创立和发展营造一个良好宽松的环境空间，促进广西少数民族地区乡村旅游经济的繁荣。

3. 拓宽投融资渠道，解决民营经济融资难

金融支持方面，引导和鼓励金融机构对旅游企业予以信贷支持，在控制风险的前提下，加快开发适应旅游企业需要的金融产品。鼓励各类创业风险投资机构和信用担保机构对发展前景好、吸纳就业多，以及运用新技术、新业态的民营经济开展业务。金融机构的职能包括为乡村民营旅游经济实体的创办和发展提供财力支持，扩大农村居民信贷资金获取机会，减小由于融资渠道缺乏而对农民的创业和扩大经营规模造成的阻力。金融机构通过拓展业务范围、转变工作态度和方法、提高服务质量，大大消除乡村旅游经济创业和发展壮大过程中的资金顾虑，提高社区居民创业积极性和壮大实体规模的信心。金融部门应学习国外解决民营经济、微型企业融资难经验，利用先进的信息技术和科学的分析方法深入调研民营经济的财务状况、还贷能力和信用状况，探讨农村地区以土地、房屋作为抵押的可能性，在此基础上建立科学合理的信用评价体系，以此作为是否给予信贷的依据，以减小金融机构放贷的风险。

政府部门积极争取，拓宽融资渠道，通过多种途径筹集乡村旅游发展建设资金，力争扩大国家有关项目扶持资金和国家旅游发展基金支持规模。争取地方财政投入，建议发改部门每年给旅游业安排一定的基本建设投资和技改资金，在条件具备时，专门安排针对民营经济的扶持资金。推动旅游投资环境优化和融资模式创新，坚持"国家、地方、部门、集体、个人一起上""谁投资，谁决策，谁受益，谁承担风险"和"统一规划，归口管理"的原则，拓展民间投资渠道和领域，进军民营经济市场，努力形成社区居民投资、政府投资与社会投资的良性互动。政府部门建立和完善旅游产业融资担保体系，支持乡村旅游经济互助联保，建议政府设立民营经济担保基金，为具有市场潜力但一时经营困难的民营旅游经济提供担保。

4. 加强经营者的教育和培训，提高经营管理能力

通过调查可知，广西大多数的乡村旅游经济经营者是首次创业，从未有过从事旅游或经商的经历，对于创业的机会和风险认识不足，创业前缺乏科学合理的论证而导致创业艰难甚至创业失败的案例在各地较为普遍。因此，政府有

关部门要协同高校旅游专业，组织有关专家和学者到少数民族地区进行创业知识培训，讲授创业的基本知识，向当地群众传播一种正确的创业观，避免盲目创业。同时，解答他们对于创业方面的问题和疑惑。这样，可以更好地避免创业失败，提高经济实体的存活率。

针对已经创办乡村旅游经济的经营者，政府应该关注他们的经营能力和管理技能的提高。在调查经营者的受教育程度的过程中发现，其普遍的受教育程度是小学和初中，高中以上的寥寥无几，这样低文化程度的经营者，大多缺乏基本的经营管理知识和技能，加上所处的地区信息闭塞，经营者根本无从获取相关知识和信息以提高自己的文化水平和经营管理水平。政府和有关部门应定期针对性地提出培训措施，开办民营经济相关培训班，帮助创业者获取新的管理、营销和宏观经济政策以及法律法规方面的知识，提升个人素质，提高经营管理能力。

5. 改变乡村居民的思想观念，创立良好的商业文化

受自然地理条件和社会经济条件的限制，在广西少数民族地区，人们对经商、开展旅游活动存在一定的顾虑，这与少数民族长期以来形成的较为保守和封闭的观念有关。因此，转变当地居民的保守观念，促进乡村旅游经济的发展，是当地政府有关部门当前开展旅游扶贫的一大重任，而教育是解决这一问题的关键。政府部门应加大少数民族地区在教育方面的投资，使更多人获得受教育的机会，接受新的思想和观念。

创造良好的商业文化，要进一步加大力度，采取多种形式，宣传发展乡村旅游经济的各项方针政策，营造一个良好的乡村旅游经济发展的舆论氛围；鼓励群众进行学习，体现自身价值，从制度、政策、思想等方面改造整个社会；建立促进竞争的机制，提高人们的竞争意识，从政府打破"大锅饭"开始做起；要建立社会诚信机制，鼓励诚实经营，打击非法经营和假冒伪劣行为。

（三）充分发挥民间旅游组织的作用

单个的旅游经济体受自身能力的限制，在获取行业信息和维护自身权利方面不具有优势。现实的情况是，广西少数民族地区的旅游经济处在发展的起步阶段，缺乏专业的管理和组织者，习惯各自为政，没有意识到加入民间旅游组织对经济发展的意义，因此，民间旅游组织在很多地方几乎是不存在的。基于行业组织对旅游经济的重要意义，成立相应的民间旅游组织是规范旅游经济发展和保护旅游经济的必要选择。通过发挥民间组织的作用，可以更好地代表乡村旅游经济与政府或其他机构平等对话，争取和维护自身的权利。作为沟通实

体与政府的桥梁，民间组织为乡村旅游经济提供信息和智力支持及技术咨询与诊断，代表乡村旅游经济个体就政策、法律、市场、技术和金融等方面的问题与政府进行沟通，并向政府部门提交议案，供政府部门合理决策。另外，民间旅游组织可以促进会员之间相互交流行业信息，促进沟通与合作，共同抵御经营风险。总之，民间组织承担的是为其成员争取合法权利，提供市场信息，协调成员之间的纠纷和矛盾等任务。同时，还需要督促其成员遵守市场经营秩序和行业规定，主动维护环境安全等社会义务。

（四）加强乡村旅游经济的内部管理

要实现健康发展，乡村旅游经济需要加强内部管理。首先，乡村旅游经济应该找准自身的定位，明确经营特色。受到创业成功者的刺激，在没有经过充分考虑和调查的情况下，很多居民盲目模仿，也建立起家庭旅馆、农家餐馆等民营经济，提供的产品和服务雷同，缺乏自家特色，从而陷于不利的竞争地位。因此，在开办乡村旅游经济前进行科学合理论证，听取专家意见，找准自身特色尤为关键。其次，经营者应该努力加强经营管理方面的知识和能力。由于经营管理知识的欠缺，经营不善，管理混乱的现象较普遍。调查发现，电话成为预定业务的主要手段，利用电脑进行经营管理的不多，而通过开设网站进行营销的实体更是极少，不利于客源市场的开拓。再次，乡村旅游经济之间应该树立合作的意识和理念，加强实体间的合作与交流，通过共享市场与经营信息获得更好的市场机遇。最后，乡村旅游经济要注重道德和诚信建设，依法进行注册登记、依法纳税、偿债还贷等。在经营过程中，要遵守道德规范、守法经营和诚实守信，树立良好的口碑。

第二节 广西乡村旅游经济发展的机制构建

一、乡村旅游发展机制的构成系统

"机制"一词最早源于希腊文，原指机器的构造和动作原理，包括两个方面，一是机器的组成及组成的原因，二是机器是怎样工作和为什么要这样工作，即机器运转过程中各个零件之间的相互联系、互为因果的联结关系及运转方式。《现代汉语词典》对"机制"的解释是：泛指一个系统中，各元素之间相互作用的过程和功能。把机制的本义引申到不同的领域，就产生了不同的机制。将"机制"一词引入经济学的研究，用以表示一定经济机体内，各构成要素之间相互联系和作用的关系及其功能。乡村经济作为复杂的社会系统中的一个组织，应该通过机制的构建，提高经济管理的效率，提高管理措施的针对性和适用性，降低管理成本，使其有可能在激烈的竞争中立于不败之地。

乡村旅游经济在发展中要不断提高自身能力，实现可持续发展，主要体现在经济的自我调节、自我积累功能上，以使经济主动适应外部环境变化，不断增强发展后劲。乡村旅游经济需要在支持保障系统、动力系统、执行系统、目标系统、监控系统的协作下实现良性发展，在此，构建基于支持保障系统、动力系统、执行系统、目标系统、监控系统的乡村旅游经济发展机制。

二、支持保障系统

乡村旅游经济是在旅游开发的关联带动下产生和发展起来的，其所提供的产品和服务往往不是主要的旅游吸引物，对当地旅游开发的依赖度很大，其创业与发展的支持除了一般社会、经济、制度、文化和自然环境以外，还包括旅游开发的环境和程度。相关支持保障系统对乡村旅游经济的经营活动具有很强的支持或制约作用，影响社区居民创业机会与创业动机的发生，并影响其经营与发展决策和各项目标的实现。

（一）硬件环境

乡村旅游经济创业与发展，需要旅游开发地具有一定的硬环境建设。旅游开发客观上要求一定的旅游资源优势、交通和区位优势。除此以外，旅游开发的程度、基础设施的建设以及可以提供的经营场所，都构成了乡村旅游经济创业与发展的基本条件。

20世纪50至70年代，我国农村基础设施得到了较快的发展，新修了许多农村小型基础设施，但自20世纪80年代农村家庭联产承包责任制施行以来，农村基层组织管理功能削弱，许多农村小型基础设施无人管理、失修、报废甚至被人为损坏，远远不能适应现代农村经济发展的要求。要发展农村经济，促进农民增收，首先必须加强农村基础设施建设。在2004至2010年连续7个中央一号文件支农的政策背景下，相关部门提出需要按照"生产发展、生活宽裕、乡风文明、村容整洁、管理民主"的要求，加强农村基础设施建设和村庄整治。特别是2010年的中央一号文件指出，要"加快改善农村民生，缩小城乡公共事业发展差距"，这为进一步加强农村基础设施建设指明了方向。而国务院在关于进一步促进广西经济发展的文件中指出，要加强农村基础设施和公共服务能力建设。

1. 旅游基础设施

广西农村普遍存在基础设施落后的问题，开发乡村旅游的地方迫切需要加强农村交通道路项目、供水排水项目、电力项目、邮政通信及广播电视工程项目、环卫设施项目的落实，使上述各项目达到乡村旅游者的要求。

（1）农村交通道路项目

要实现乡村旅游，需要实现乡村旅游者在常住与旅游目的地之间的流动，客观上要求乡村旅游目的地进得去、出得来，重点要对道路交通进行整治。交通项目包括进入旅游区的交通、游览区道路、停车场、交通工具等。

①旅游区的交通。连接城市、乡村的进入旅游区的道路最好能建设成供汽车行驶的双车道公路。

②游览区道路。乡村旅游区需考虑主干道及游览步道的设计。道路设计过宽会占用大量的土地，且容易破坏乡村的宁静，因此，旅游区主干道最好能设计成环形，在不能设计成环形的情况下保留会车空间，尽量不要修得太宽。乡村要因地制宜修建各种类型的游览步道，其中主游览步道宽度为1.2~1.5米为宜，可采用不同质感的多种材质铺砌，如石板、石块卵石、青砖等，次游览步道道路形式根据实际情况灵活决定，宽度为1.0~1.2米，采用天然路面或稍加铺砌或以栈道形式，供游人进入景区深处，所有游览步道尽量不采用水泥等人工建材。

③停车场。为适应旅游者自驾游的需要，要妥善解决乡村旅游景区内的车辆停放问题。凡有汽车到达的乡村旅游景区（点）应选择适宜地段设停车场，要综合考虑旅游景点的游人规模、节假日高峰游人数，推算车流、人流及集散情况，确定停车场面积。考虑到旅游景区的经营具有一定的季节性，停车场可结合篮球场、文化中心和村民集散广场建设。依托社会主义新农村的乡村旅游景区（点），每户均规划生态停车位，以供村民自用及入住自驾车游客停车。

④交通工具。结合乡村旅游景区（点）的实际情况，各功能区交通工具可灵活采用轿子、马车、牛车、水上自行车、山地自行车等交通形式。这些特色鲜明的交通工具将成为重要的旅游吸引物，可开发为乡村旅游经济的经营内容，民营经济的主要任务是做好交通组织工作，包括组织旅游者和组织地方居民作为旅游接待人员。

（2）供水排水项目

随着旅游者的增加，乡村旅游地的供水和排水都面临较大的问题，用水量、污水的排放量均大增。大部分的乡村旅游区水资源丰富，水质优良，能满足旅游发展的要求,用水主要依靠山泉水和地表水,但普遍面临没有污水排水系统、雨水系统的问题。乡村旅游经济因其主要以家庭为接待场所,在供水方面"各自为政"的现象普遍存在,常常出现水压小,在用水高峰期不能满足沐浴、冲厕所等基本生活需要的情况。另外,多数乡村旅游经济的生活污水采取直接排放的方法,影响下游居民生活用水。

①供水系统项目。乡村旅游区用水主要通过使用山泉水或抽取地下水解决。为保证乡村旅游区的正常生活用水和消防用水,需要在村内建设大容量高位蓄水池,通过建加压泵站,将山泉水或提供地下水输送至高位蓄水池,然后通过管道为各旅游功能区和乡村民营旅游经济经营提供用水。各给水管以分枝状形式布置,便于检修管网,在节点等适当位置设检修阀门。其供水流程为山泉水(地下水)—取水构筑物—输水管—混凝—沉淀消毒—输水管—高位水池—给水管—用水点。其处理工艺为原水—混凝—沉淀—过滤—消毒—给水,以保证乡村旅游区安全卫生用水。

②排水系统项目。排水采取污水、雨水分流方式。污水导流系统收集餐饮设施、公厕、宿舍等污水,雨水排放系统主要收集地面降水、消防废水、道路喷洒废水等,排入林地或绿化灌溉用。污水可采用地埋式无动力污水净化装置处理,在各功能区及乡村旅游经济经营家庭埋设污水管道,将污水统一收集排放至地埋式无动力污水净化处理装置,进行统一处理。

(3)电力项目

在旅游开发前,乡村已有一定的供电设施,全部通电。进行旅游开发后,乡村旅游景区用电量远远超过原有的供电能力,需要根据旅游区各用电设施的规模、相应单位安装功率、需要系数进行电荷测算,以满足旅游开发的需要。另外,在用电高峰期,农村用电常常不能得到保证,而乡村民营经济的经营对电的依赖较大,因此有必要设置应急用电设施。

(4)邮政通信及广播电视工程项目

乡村旅游区需满足旅游者对邮政、电话、互联网、广播电视的需求,重视网络基础建设,创造良好的互联网设施,设立自助上网设施,设立满足游客需求的电视卫星接收系统。目前,在广西鲜有提供上述项目的乡村旅游经济,可考虑细分旅游者需求,在具备条件的乡村旅游区提供上述服务,以延长旅游者在乡村地区的停留时间。

(5)环卫设施项目

乡村旅游景区应设置满足旅游者需要的环卫设施。在当地居民的居住区域中,环卫设施极其欠缺,多数没有配备专门的环卫人员,严重影响了乡村旅游者对乡村旅游经济的评价。为营造干净整洁的旅游环境，需要在车行道及主要游览线路、社区居民的居住点设置垃圾箱，并配备垃圾清运人员对垃圾进行集中处理。要根据旅游发展的需要，建立旅游公共厕所。

2. 旅游服务设施

旅游服务设施指旅游目的地旅游行业的人员向游客提供旅游服务时依托的各项物质设施和设备。乡村旅游目的地主要包括旅游景观设施、旅游餐饮与住宿设施、旅游购物设施、旅游安全设施等。

（1）旅游景观设施

要在"保护第一，合理布局原则""建设精品，突出特色原则""以人为本原则""市场导向，滚动发展原则""系统协调性的原则""实施旅游扶贫，兼顾群众利益原则"等的指导下实施旅游景观设施建设。从国际化发展战略高度选准主题，创出精品，提高旅游项目的策划水平和科技含量；突出旅游产品项目活动的参与性、趣味性和体验性，注重旅游产品的创新和与时俱进，不断丰富内涵，推陈出新，不断提高旅游产品的吸引力，以创新发展作为后续支撑；采取合理的资源开发模式，统筹安排、合理布局、宏观调控，使乡村旅游产品建设顺利、全面实施；要注重旅游景观文化底蕴的挖掘和文化品位的提升，突出地域建筑文化、民俗文化、节庆文化等与乡村地区良好山水环境相融洽的主题特色，强调人与自然和谐相处、自然生态与旅游文化优化整合的发展理念，开发高品位的适销对路的旅游产品；结合乡村旅游者需求、旅游资源的特色及当地具备的条件，选准主导旅游产品和辅助旅游产品的开发。目前，旅游景观需求的大趋势是以开发乡村休闲度假产品为主，辅助开发观光旅游产品、文化旅游产品、商务会议旅游产品，其他旅游产品还有水上运动与游乐、山地运动、美食旅游、创作采风、新婚蜜月旅游等。

（2）旅游餐饮与住宿设施

为了满足乡村旅游者饮食和住宿的需要及品位要求，乡村旅游区可设立以团队旅游者为主的餐厅和住宿设施，也可以结合农家特色，建立以农家为依托的分散餐饮、住宿场所。

（3）旅游购物设施

乡村旅游目的地可考虑建设向游客提供地方土特产、旅游纪念品的旅游购物设施。具有地域特色的食品深受旅游者喜爱，通过对地方特产的挖掘和包装，将其加工成便于携带的旅游商品，对保鲜期较短的鲜果类还可进行深加工，做成绿色食品和果珍饮品系列。另外还需挖掘风味食品、工艺品、旅游文化商品等。

旅游商品的生产与销售为乡村民营旅游经济提供了拓展业务的空间。

（4）旅游安全设施

对乡村旅游目的地开设的水上、山上项目均应有相应的安全设施。乡村旅游区内拥有众多的水资源，水上活动的开展一定要做好安全措施。如水上漂流、竹筏，要求所有的水上交通工具严禁超载，并为游客配备救生衣；沿水岸边步道的设置要考虑游览安全因素及生态环境要求，步道宽度不低于1.2米，与河水保持1米以上的安全距离，并在地势险陡处设置必要的护栏；溯溪沿线布置铁链等安全设施。山地景区应在危险地段的游览步道上建立防护栏、防护网或进行防滑处理等安全保障设施，并设置安全警示牌；在主要路口、易迷路之处设置路标指示牌或方位图，帮助游人识别方位，保证游人安全；应定期检修防护栏、防护网，及时修复指示牌和路标等，确保游人的人身安全。

（二）软环境

1. 经济环境

经济环境主要是指一个国家或地区的社会经济制度、经济发展水平、产业结构、劳动力结构、物资资源状况、消费水平、消费结构及国际经济发展动态等。乡村旅游经济的经济环境是指旅游经济面临的社会经济条件及其运行状况、发展趋势、产业结构、交通运输、资源等情况，是制约旅游经济生存和发展的重要因素。乡村旅游目的地的农业经济、商品经济、在旅游开发下带动起来的旅游经济、金融环境以及有利于社区居民的利益分配等，是乡村旅游经济创业与发展的经济环境。一般来讲，受益于旅游开发，乡村旅游目的地经济发展水平较高，积累了创办乡村民营旅游经济的资金条件，产业结构由原来的农业为主转变为发展服务业，商业氛围逐渐浓厚。劳动力结构也发生了较大的转变，外出打工不再是农村剩余劳动力的主要就业选择，吸引了许多外出务工人员回乡创业。在大量旅游者的推动下，旅游目的地居民的生活成本提高，供给方面逐渐摆脱自给自足的局面，需要向外界购买大量的自用及经营用商品。

2. 社会环境

社会环境是指人类生存及活动范围内的社会物质、精神条件的总和。社会环境对乡村旅游经济的形成和发展起着重要作用，同时社区居民的旅游经营活动给予社会环境以深刻的影响，而民营经济本身在影响、适应社会环境的过程中也在不断变化。淳朴友好的民风、鼓励社区参与的社会环境，不仅为乡村旅游经济发展提供社会支持，而且会成为吸引旅游者的辅助因素之一。

3. 文化环境

民族文化的保护与现代文化知识、创业技能的有效融合及共同发展，是贫困人口创业能力获得提高、小型民营经济能够实现持续发展的智力支持。

4. 制度环境

融资制度、税收制度、管理制度以及有利于旅游扶贫开发、向最贫困人口倾斜的制度，构成小型民营经济创业发展的制度环境。

三、动力系统

动力系统是乡村旅游经济发展机制能够执行和实现效应的发动机，是各种驱动力和牵制力的组合，包括旅游效益驱动力、微观主体内释力、扶贫外援力及各种阻力。乡村旅游经济创业发展动力模型是以某种或几种驱动力为主要因素，其他为辅助因素共同作用的主导动力模型，可大致分为五类。

（一）经济推动型

社区居民利用自家的房屋作为经营场所，向旅游者提供旅游住宿、餐饮、旅游商品等，这一过程虽不能与自己的家庭生活完全分开，但总体上对生活的干扰不大，处于社区居民能够接受的范围内。经营活动的直接结果是拓宽了家庭的收入来源，获得高于农业生产的收入，这对改善农村地区长期低迷的经济环境相当有好处，成了社区居民创办乡村旅游经济的主要动力。

（二）市场推动型

旅游资源优势和旅游业的发展带来市场对旅游商品和服务的需求，或者是经营旅游业的同类民营企业的成功所带来的示范作用，使旅游效益驱动成为乡村旅游经济创业发展的主动因素。

（三）外力扶持型

政府或社会组织提供扶贫创业资金或物资，运用行政手段和经济手段为小型民营经济创造机会，成为贫困人口创业的主动因素。

（四）微观能动型

以创业者个性特征、创业动机和目标追求相结合的强烈内释力为主动因素。

（五）混合驱动型

各种因素综合、平衡、共同驱动。

资金短缺、基础设施待改善、创业者的主观消极因素等阻力，都不同程度地存在于每种动力模型之中。

四、执行系统

乡村旅游经济发展机制以旅游开发中的社区居民为指向，在乡村地区实施旅游开发的基础支持下，在动力系统的推动下，通过社区居民创业求发展的自助式发展动力系统，为游客提供产品与服务，满足游客的需求的同时实现民营经济的预定经营目标，从而实现微观主体目标和社会宏观目标。

（一）需求系统

市场需求是乡村旅游经济发展的外部拉力，其需求结构与需求量很大程度上由到当地游玩的旅游者构成所决定，相关研究表明，广西乡村旅游经济服务的对象主要为外地城市游客。因此，对乡村旅游经济需求子系统的研究，首先要对以旅游核心资源所产生的目标市场的需求结构与需求量进行分析，其次还要针对乡村旅游经济所提供的产品与服务的可能消费市场与需求进行分析。

（二）产品与服务

产品与服务是乡村旅游经济满足游客需求，实现其经营管理目标的媒介。乡村旅游经济提供的产品与服务可分为三种。

①旅游项目。作为当地旅游吸引物的一部分，如农家乐、民俗风情等，以其民族文化特色成为旅游地提供的、游客可选择的旅游产品。

②基本性旅游商品和服务。为满足旅游者的基本旅游消费所提供的旅游住宿、饮食、交通、游览等方面的商品和服务。

③非基本旅游消费所需的商品和服务。满足旅游者其他方面如旅游购物、医疗、通信等需求。

五、目标系统

通过发展乡村旅游业，为社区居民创造多形式的就业机会，解决社区居民的主要经济来源问题，提高社区居民的文明意识和对乡村旅游发展的支持度，创造和谐友好的旅游人文环境，进而实现社会、地区、环境和谐发展的宏观目标。

①目标系统体现了乡村民营旅游经济动力系统对"社区居民是否真正受益"的关注，包括经济环境、社会家庭环境、个人能力各方面的改善与提高。

经济环境的改善：以收入增加、脱贫致富、解决就业等为体现。

社会家庭环境的改善：家庭卫生条件改善、生活内容丰富、家庭和睦、家庭社会地位提高、女性地位提高、生育观念改变、教育观念改变等内容。

个人能力的提高：文化素质提高、经验技能增加、沟通交流能力提高、观念更新、独立乐观积极的精神风貌、市场意识增加等。

②社会、地区、环境和谐发展的宏观目标的实现，体现了乡村旅游经济动力系统作为旅游发展的一个子系统，对旅游相关目标的贡献。这些目标包括社会治安稳定、人均收入和就业水平提高、基础设施改善、人与自然、人与社会和谐相处等。

六、监控系统

由于环境的限制以及自身能力的不足，微观主体提供产品与服务的质量会影响旅游者消费效果和旅游目的地的旅游消费效果，最终影响整个地区旅游效益的实现。这种影响可能是正、负向的，例如，乡村旅游经济为游客提供核心旅游项目以外的产品和服务，优化吃、住、行、游、娱、购所组成的旅游消费结构，为当地的旅游带来正向效应；相反，如果产品或服务的经营活动过程存在不利于生态环境、社会环境的因素，就会削弱旅游目的地的旅游消费效果从而产生负向的扶贫效应。因此需要对执行系统进行监督调控。

多方监督：是监控系统的第一环节，监督来自社会、政府以及微观主体自我监督，监督是为了协调小型民营旅游经济与其他相关主体间的利益关系，尽可能地实现福利扩大化与社会公平。

效益评价：对乡村旅游经济的实现程度和效果进行评价，这种评价应该是定性和定量相结合的，内容包括经济、社会、环境、文化等多方面。

调控指导：如前所述，执行系统的运行和微观主体经营管理目标的实现，并不一定会促成某些目标的实现。因此，政府及主管部门需依据效益评价的结果，有针对性地制定政策、规范市场、协调供需或者宣传培训、教育引导，对微观主体的运行进行宏观调控。

通过以上三个环节，监控系统将目标系统的信息反馈给执行系统和动力系统，进一步调整其行为与方式，改善其提高产品与服务的能力，从而使目标的实现得到优化，实现乡村旅游经济动力机制的自我良性循环。

第三节 广西生态旅游的发展策略

一、多渠道促进旅游扶贫

广西还有相当一部分乡村属贫困地区。乡村旅游必须与旅游扶贫紧密联系，应让广大村民认识到旅游扶贫能将"绿水青山"转变为"金山银山"，让贫困地区村民看到希望、尝到甜头，才能充分调动村民在旅游扶贫中的积极性和创造性。乡村旅游扶贫工程有以下几种形式。

①科学编制乡村旅游扶贫规划，探索"多规合一"，即与国民经济和社会发展规划（土地利用总体规划、县域乡村建设规划、易地扶贫搬迁规划、风景名胜区总体规划、交通建设）等专项规划有效衔接。选择贫困村旅游点时应注重对所选贫困村进行资源预评估，确定是否具有旅游开发的潜力。为大力推进农村扶贫开发，2015年中央一号文件要求旅游部门将与扶贫部门一道，每年共同完成贫困村乡村旅游扶贫任务，重点支持一批有条件的乡村发展特色旅游，带动广大农民致富。如2016年广西旅游发展委员会从5000多个村中选出500个贫困村作为旅游扶贫试点。

②加强贫困村旅游基础设施和公共服务设施建设，完善乡村旅游服务体系。

③大力挖掘乡村文化、农耕文化、民族文化等内涵，开发地方特色乡村旅游产品。

④通过电商平台等载体，加强重点村旅游宣传营销。

⑤加强包括创业返乡农民工、乡村旅游经营户、能工巧匠、创客和乡村旅游导游等在内的旅游从业人才培训，加快推动旅游"互联网+"。现在村村通公路，不少农民也有汽车，乡村旅游和农产品销售困难的主因已不是交通运输问题。村民主要缺乏的是必要信息——资源开发前或种养前和销售时市场的预测及动态掌握。现在农民基本都有手机，关键是缺少旅游行会和政府有关部门提供有效的市场信息。

因此，当地政府和旅游行会应构建完善的区域市场网络，提供针对旅游市场及当地特产或新产品的综合信息。政府有关部门要加大构建旅游和销售等数据库（包括维护和更新）的力度，真正建立起地方大数据系统，还要教会农民使用手机，让村民可以根据市场动态调整自己的营销措施。在县旅游局和乡政府技术及资金的支持下，村委会组织村民提供旅游服务或以土地入股两种形式参与乡村旅游建设，包括村民自己创办农家乐、景区带动旅游扶贫和养生保健旅游等模式，对发展乡村旅游、提高村民经济收入和生活质量、实现旅游扶贫、旅游致富具有十分积极的意义。

二、不断提高乡村旅游产品档次

在经济实力不断提高和生态旅游者的带动下，广西乡村旅游水平逐渐提高，可开展的活动项目逐渐增多，如生态种植、钓鱼、狩猎、自然与农业科普、园林园艺、众筹农业、庭园农业、家庭农场、田耕体验、养殖体验、田野采摘、航拍、摄影、汽车或摩托车自驾、骑马、徒步穿越、登山、攀岩、溯溪、定向越野、（时尚）拓展运动、野餐、体育舞蹈、电子竞技（航海模型、航空模型、汽车模型）、自由式轮滑、划船、龙舟赛、歌舞、曲艺、刺绣、纺织、房车露营、民宿家访等，乡村旅游业正在快速发展。

乡村旅游在发展起步时最需要旅游、地学和园林等专家的指导。

①需要相关部门根据区域主体功能理论帮助乡村做好规划，即依托当下的优势和特色，选择好主打的旅游产品方向，发展相应的旅游产品体系。如山地丘陵——水果种植及采摘互动、爬山等；水库山塘——养水禽或鱼及其互动；泉水——特色餐饮与游泳等运动；湿地——观鸟及养水禽或鱼等；洞穴——洞穴餐厅与露营及探洞等；特色种养业——种养互动等。

②注重保持乡村生态的田园本色，尽量减少城市元素。如在宁明县濑江村、龙州县那宋屯等多处实地考察都发现村民把不少资金浪费在宽大道路和庭园地面的硬化上。实际上除了步道砌石板或卵石外，其余地面应合理布局小菜地、小花圃、小鱼池等，充分利用空间，按不同层次从高到低栽上果树、葡萄藤或瓜棚、蔬菜、花卉等，既生态又省钱。这样的生态型庭园才能吸引游客。

③向精细旅游方向努力，注重做好村屯和农户庭院绿化、园林化等。园林和室内装饰最好以当地特色文化、民族文化元素为主，不要刻意混杂世界各地的"时髦"东西，如宁明县驮龙乡濑江村"越人歌"农家乐房屋就改造得很好。但是，室内装饰却有西北风格的牛头骨、意大利图案的玻璃窗、新疆花样的挂毯和花山岩画符号等，给人一种赶时髦的"大杂烩"的感觉。

广大乡村和农户发展旅游是高校旅游、地学和园林专业大显身手的舞台。发展乡村旅游的关键之一是对乡村从业人员进行培训，提高他们的经营销售和策划创新能力，应组织其到乡村旅游样板村如阳朔历村、恭城红岩村和三江丹洲等优秀乡村旅游示范地、"中国乡村旅游创客示范基地"——桂林市鲁家村等去参观学习，增加见识，扩大眼界。市县旅游部门应帮助其联系旅游和园林部门技术人员或高校相关专业师生下村扶贫,设计策划乡村和农户旅游产品。

乡村生态旅游商品以其原生态和充满乡愁韵味的特点而为生态游客所喜爱,如安徽宏村、江苏周庄、重庆等地的旅游手工艺术品之所以精美灵巧,多种多样,是因为有当地深厚的文化艺术底蕴的支撑。广西旅游商品制作工艺水平普遍不高,旅游产品开发、策划与经营的文化创意和艺术制作技术不足,特别是广西乡村旅游商品大多品种不多、做工粗糙、包装简陋、缺乏创新。而为数不多的乡村传统工艺产品如临桂五通镇的国画、阳朔福利镇的扇画、宾阳卢圩镇的壮锦、靖西旧州的绣球、北海的贝雕、合浦的珍珠饰品等都有一定历史和知名度,能够很好地继承发扬,并不断创新。

广西还有不少传统食品和地理标志产品,如容县沙田柚、融安金橘、柳州砂糖橘、玉林牛肉巴、环江(巴马)香猪、马山黑山羊、钦州大蚝、靖西酸料、永福罗汉果、上林八角、桂林三宝(三花酒、豆腐乳、辣椒酱)和马肉米粉、南宁老友粉、柳州螺蛳粉、荔浦芋头等,都应赋予其新的创意,制作具有文化艺术价值的食品,形成系列化产品。如沙田柚除了吃果肉外,果皮可以做菜、做果皮糖,也可以做很多工艺品玩具。在桂南许多村镇都有用柚子皮给孩子做灯笼的风俗,还用木瓜雕刻灯笼等,都是十足的非物质"乡愁"文化。靖西旧州的绣球原本是旧州居民的传统工艺品,现在周边村民也做绣球来旧州摆卖,这些质量差的绣球势必会给真正的旧州绣球抹黑,有可能重蹈靖西名药田七被做假搞垮的覆辙。对品牌旅游商品和地理标志产品,工商和旅游部门应加以严格保护,以免被抢注或失传或被假冒伪劣产品挤压,加强打击山寨伪造品,让真正原生态的土特产和地方工艺品成为畅销的旅游商品。各地旅游部门应联系各高校或职校艺术专业师生下乡,帮助当地设计开发具有地方特色的旅游商品。

三、保障广西乡村旅游稳步前进

各地乡村旅游的发展都需要对当地旅游资源和客源市场进行评估,不能蜂拥而上,否则就可能会一哄而散。对管理层而言,应根据评估结果将区域内的乡村旅游点(精准到农家乐)划分为重点发展和一般发展两个级别,分别进行规划、指导与支持。

对村民而言,因为涉及自己的切身利益,更应认真地根据评估结果,最好在专业部门的指导下确定项目的可行性和规模大小,以便更好地规避投资风险。还应注意乡村旅游的以下几点特性:①产业经营的双重性——农业+旅游业;②生活自然性与生产智能性——农村自然环境+现代农业;③多功能性及其相互关联性——"科研、科普、生产、销售、加工、观赏、娱乐、度假"+"参与性、知识性、娱乐性";④智慧化与文化性——采用先进科技推动智慧旅游发展,融合地方民族民俗文化、耕作文化、饮食文化、建筑文化等。乡村旅游中的外来企业在生态旅游发展过程中应对当地生态环境和社区居民负责,企业收益以一定形式返还当地居民。景区经营与服务工作,在同等条件下优先考虑安排当地居民和企业。景区应建立与社区居民投资风险共担、投资收益共享的良性发展机制。

四、因地制宜地开发乡村生态资源

(一)广西乡村旅游分布特点

广西乡村旅游空间分布具有以下几个特点。

1. 围绕著名景区成环形分布

如环绕着著名的大明山旅游景区,西侧武鸣区有上朝村、两江龙母村、小陆板陶村、马头小黎村等,东侧上林县有大丰镇下水源村、巷贤留仙村等,都正在发展乡村旅游。

2. 在围绕城市近郊成环形分布

如南宁市区近郊,西有美丽南方景区及坛洛等周边的农家乐,东有九曲湾温泉景区及其周边三塘、四塘镇的农家乐,北有花花大世界、高峰园林苗木场园带与农家乐,南有青秀山景区与江边农家乐。这些成群分布的农家乐是近郊乡村旅游的主体,依托紧靠南宁市区的区位、客源市场和发展生态农业的优势,构成南宁市一小时(车程)乡村旅游圈。柳州市区和桂林市区周边也有类似的乡村旅游圈。

3. 沿交通要道两侧或枢纽点分布

如阳朔县城至高田镇公路两侧、马山县古零镇附近公路两侧等都有呈带状分布的乡村旅游。

乡村旅游按功能可分为观光型、度假型、节庆型及综合型的乡村旅游产品。广西大部分乡村旅游属观光型,如藤县石表山景区附近的道家村等。巴马瑶族自治县坡月村有"候鸟人"游客长住,属典型的度假型。宾阳县城附近农村的炮龙节、浦北县北通和龙门一带秋收后有岭头节等都是节庆型。恭城瑶族自治县红岩村是乡村旅游示范村,既有山水风光,有柿子节,还有可供游客食宿或度假的农家乐,属于综合型乡村旅游。2016年12月,自治区环境保护厅拟命名自治区级生态乡镇名单共 104 个，拟命名自治区级生态村名单共 538 个。这些备选的众多乡镇村都是自然生态环境比较良好的地方，可以结合考虑旅游资源及基础设施等条件，从中选出重点建设的旅游小镇和乡村旅游点，自然也是适合生态旅游者的生态旅游目的地。

广西东西南北中各地区地貌、气候、经济等有一定的区域分异特征，乡村旅游资源优劣势也各不相同。因地制宜，科学开发乡村生态旅游资源，能够促进广西乡村旅游健康持续发展。

桂东北和桂西北地区喀斯特峰林地貌、气候季节性变化、植被季相变化相对明显，各乡村也应随着季节变化而变换旅游主题内容。桂东北地区历史文化厚重，农业生产水平相对较高，种养业种类较多，广大水果（柑、橘、葡萄等）专业村（乡）和古村镇文化为生态旅游提供了丰富的自然与人文生态旅游产品。以恭城模式为代表的生态农业逐渐普及各县区，可给生态旅游者得到真实的科普体验。

各著名景区周围的乡村普遍发展农家乐。以恭城红岩村、阳朔历村和福利镇、临桂五通镇等为代表的乡镇旅游，环境优美、土特产和手工艺品丰富多彩，成为生态旅游者常选的旅游目的地。

桂西北地区以适宜养生的生态环境闻名世界。由于交通不便，很多乡村原生态民族风情得以保存，如以巴马瑶族自治县为中心的长寿养生国际旅游圈、罗城仫佬族自治县怀群和小长安、南丹县巴平、里湖白裤瑶和中堡苗族。天峨县更新、燕来、三堡和下老各乡，凤山县更沙，大化瑶族自治县贡川乡龙眼村等偏远乡村永远是生态旅游者追寻的目标。

桂西地区以山地和喀斯特峰丛两大地貌类型为主，其中乐业县天坑群因体量巨大、数量众多而闻名中外。其大部分地区气候冬暖夏凉，右江谷地却十分干热，形成许多不同的小微生境。中越边境地区保留有不少原生态的乡村，边民风情浓郁。乐业县火麦、磨里，凌云县浩坤，靖西市旧州、大兴、龙邦、壬庄巴泽、渠阳，那坡县弄文、平孟，平果县凤梧，田林县浪平，隆林各族自治县德峨、金钟山，西林县八大河等最吸引生态旅游者。

桂西南地区属喀斯特峰林地貌，气候偏干热。边贸与边关文化内涵丰富，异国土特产品多样，边境地区乡村生态环境优美，壮族风情浓郁，沿边公路、南友高速和崇靖高速等交通沿线地区是生态旅游者喜爱的经典旅游线路，如大新县硕龙、恩城、雷平、宝圩、堪圩、龙州县水口、上金（含旧街和白雪）、金龙、弄岗，宁明县赖江，天等县向都，江州区新和、那隆西大明山，扶绥县中东、巴盆等。

桂南地区有十万大山和大明山，濒临北部湾，属热带湿热气候，盛产南亚热带水果和海产品，环大明山、十万大山和沿海地带，新兴了许多农家乐和渔家乐，是喜爱穿越和品尝海鲜的驴友到访的热点。如东兴市榕树（头）部落，防城区峒中、扶隆、江山半岛，上思县南屏和公安，钦州市浦北县五皇岭和越城天池，灵山县大卢村，钦南区七十二泾，合浦县公馆镇龙潭，横县镇龙，宾阳县思陇乡昆仑关，上林县巷贤镇大庙和下水源，马山县古零镇弄拉和永州镇定乐江，武鸣区两江镇渌昌屯和马头镇小陆，隆安县布泉乡京望湖等。

桂中地区气候温暖，以大苗山区花岗岩地貌和大瑶山区砂岩峰林地貌及优美的原生态环境闻名于世。苗、瑶、侗三族风情独特，散布在两大山区中的民族村寨早已被生态旅游者所熟知。金秀瑶族自治县的长垌、大樟、六巷、滴水、上下卜全、祖岭、上下古陈等和融水苗族自治县的杆洞、洞头、滚贝、汪洞、大年、红水等偏僻山村经常有驴友造访。三江侗族自治县的八寨、白文、考旁、孟龙等侗寨也因原生态的民俗和优雅的梯田曲线令生态旅游者不辞跋山涉水以求一睹为快。

桂东南地区以低山丘陵为主，农耕文化发达。乡村旅游以典型的岭南文化（粤剧、骑楼等）和粤菜美食（梧州的纸包鸡和龟苓膏、玉林牛肉巴等）及特色鲜明的土特产如莲藕、蒜头、沙田柚、荔枝等对游客有着不可抗拒的吸引力。桂东地区以湘、粤、客家三种文化交汇融合吸引人文生态旅游者，乡村旅游以富川瑶族自治县秀水村、昭平县黄姚古镇等为代表。

（二）广西乡村旅游扎实发展思考

广西乡村旅游起步较晚，有后发优势，可借鉴其他省份的经验。广西欠发达地区乡村旅游业还可以就近借鉴广西旅游先进地区如桂林市阳朔历村等的经验。但不要全盘照搬各先进地区的模式，应因地制宜，处理好渐进式发展和跨越式发展的关系。

乡村旅游渐进式发展就是量力而行，规模逐渐扩大，但是不能走只管理吃喝的老路，应在整个旅游过程中融入乡村文化元素，并逐渐精细化。每一个旅游环节都尽可能地融入生态元素、田园元素，让游客能在吃喝玩乐、互动体验的过程中领略乡村田园文化，满足乡愁情结。乡村旅游跨越式发展就是在充分吸取先行地区乡村旅游发展的经验和教训的基础上，尽可能发展多样化旅游、智慧旅游。其关键是应因地制宜地选择符合当地实际的生态旅游扶贫模式。

大力发展生态旅游职业教育，加强对各地旅游管理干部和导游的培训，提升社区居民素质和从业技能，增强参与生态旅游发展的能力，重点在生态环境建设、生态资源保护、生态解说与环境教育、生态旅游开发运营等环节扩大就业。应向村民详细地分析当地的小微生境类型和特点，以便他们能全面合理地开发利用资源。培训人员应按照村民各人特长精细分工，分别教游客学习当地歌舞曲艺、讲述农村的故事、给游客示范农事、带领游客参与农事互动，拓展与特殊农事联系的户外活动。如与采药、采摘水果相关的攀岩、爬山、探洞，与水产捕捞相关的水上活动，与特殊生物摄影（鸟类、珍稀灵长动物与花卉）等相关的导向服务等，把生态农业旅游的各个环节的工作做得更精致、更实在。

除了农事活动互动和有机食物外，各地乡村旅游应把当地的特色文化和科普内容融入各种活动中，如桂东北的彩调、桂西北的山歌、桂东南的粤剧等在当地乡村都十分流行，在农家乐互动的友好空间中，游客与村民应有展现才艺的机会。

参考文献

[1] 邹统钎. 乡村旅游：理论·案例 [M]. 天津：南开大学出版社，2008.

[2] 熊金银. 乡村旅游开发研究与实践案例 [M]. 成都：四川大学出版社，2013.

[3] 林光旭，唐建兵. 乡村旅游项目创意策划与实践 [M]. 成都：电子科技大学出版社，2011.

[4] 北京市旅游局. 乡村旅游"北京模式"研究 [M]. 北京：中国旅游出版社，2010.

[5] 邓爱民，桂橙林，孟秋莉. 旅游特色小镇开发与运营管理 [M]. 北京：中国旅游出版社，2017.

[6] 揭筱纹，罗言云，王霞，等. 乡村旅游目的地环境生态性规划与管理 [M]. 成都：四川大学出版社，2018.

[7] 黄凯. 休闲农业与乡村旅游 [M]. 北京：中国财富出版社，2016.

[8] 王野. 基于旅游人类学视角的乡村旅游文化建设研究 [M]. 成都：四川大学出版社，2018.

[9] 张翠晶. 生态理念和田园文化视角下的乡村旅游景观设计 [M]. 长春：东北师范大学出版社，2017.

[10] 骆高远. 观光农业与乡村旅游 [M]. 杭州：浙江大学出版社，2009.

[11] 雷晚蓉. 乡村旅游资源开发利用研究 [M]. 长沙：湖南大学出版社，2012.

[12] 李云鹏. 智慧旅游规划与行业实践 [M]. 北京：旅游教育出版社，2014.

[13] 陶慧，冯小霞. 旅游规划与开发——理论、实务与案例 [M]. 北京：中国经济出版社，2014.

[14] 朱万峰，时玉亮，王好勇. 旅游导向的美丽乡村发展：乡村旅游与休闲农业探索研究 [M]. 北京：新世界出版社，2014.

[15] 方荣辉. 新常态视角下乡村旅游发展探析 [J]. 成都行政学院学报, 2017（6）: 50-52.

[16] 于萍. 全域旅游背景下乡村旅游发展中的障碍因素分析 [J]. 中国商论, 2018（28）: 47-48.

[17] 吴亚亚. 绿色发展视野下农村旅游目的地生态保护的影响因素及其作用机制研究 [J]. 农业经济, 2018（10）: 37-39.

[18] 郑雅文. "互联网+"背景下乡村生态旅游发展对策研究 [J]. 戏剧之家, 2018（29）: 244.

[19] 钟家雨, 熊伯坚. 乡村文化复兴促进乡村旅游可持续发展的策略探讨 [J]. 江西科技师范大学学报, 2018（5）: 57-61.